中国东北振兴研究院

东北全面振兴高端智库系列研究报告

东北地区推进新旧动力转换机制与重点产业选择研究

綦 勇 著

东北大学出版社

·沈 阳·

图书在版编目（CIP）数据

东北地区推进新旧动力转换机制与重点产业选择研究 / 綦勇著. — 沈阳：东北大学出版社，2018. 5
ISBN 978-7-5517-1888-2

Ⅰ. ①东… Ⅱ. ①綦… Ⅲ. ①区域经济发展-研究-东北地区 Ⅳ. ①F127. 3

中国版本图书馆 CIP 数据核字(2018)第 103214 号

出 版 者：东北大学出版社
地址：沈阳市和平区文化路三号巷 11 号
邮编：110819
电话：024-83683655(总编室)　83687331(营销部)
传真：024-83687332(总编室)　83680180(营销部)
网址：http://www. neupress. com
E-mail: neuph@ neupress. com
印 刷 者：沈阳市第二市政建设工程公司印刷厂
发 行 者：东北大学出版社
幅面尺寸：165mm×235mm
印　　张：8. 75
字　　数：148 千字
出版时间：2018 年 5 月第 1 版
印刷时间：2018 年 5 月第 1 次印刷
策划编辑：郭　健
责任编辑：孟　颖
封面设计：潘正一
责任校对：图　图
责任出版：唐敏志

ISBN 978-7-5517-1888-2　　定　价：35. 00 元

目 录

第1章 引 言

东北地区作为我国重要的老工业基地，在振兴东北国家战略支持下，经济发展实现了较大幅度提升，特别是2003—2013年，东北经济迎来了黄金发展时期。近年来，国家对于东北地区经济振兴的支持力度不断增强。2014年国务院印发了《国务院关于近期支持东北振兴若干重大政策举措的意见》，2016年中共中央、国务院出台了7号文件《关于全面振兴东北地区等老工业基地的若干意见》，2016年国家发展和改革委员会印发了《推进东北地区等老工业基地振兴三年滚动实施方案（2016—2018年）》等，进一步围绕着力完善体制机制、着力推进结构调整、着力鼓励创新创业、着力保障和改善民生四大核心任务，对东北地区振兴的重点工作进行重新布局和细化。

但也必须认识到，近年来，东北地区经济出现明显下滑，与长期积累的体制机制和产业结构性问题没有得到有效解决、思想观念落后、营商环境改善推进缓慢等因素有关。东北地区经济转型与其他老工业基地的经济转型不同，既存在产业结构调整的一般性问题，也存在体制机制的特殊性问题，如东北地区产业发展的自我造血功能尚未形成，内生经济增长机制不够完善，东北地区的营商环境不健全，以“老字号”“原字号”为主的支柱产业无法在短时间内进行改造升级，而“新字号”产业在“老字号”“原字号”产业挤压下又无法获得充分发展空间等问题有着密切关系，使得新常态下东北地区产业结构调整任务艰巨。因此，如何加速东北地区产业结构调整，实现新一轮的经济增长，如何形成新旧动力转换机制和途径的创新，以及如何进行重点产业选择等问题，是当前东北地区面临的重要课题，成为新常态下东北老工业基地振兴战略能否实现的关键。

本书针对以下内容展开研究。第一，新常态下东北地区产业结构调整的一般性和特殊性研究。基于文本挖掘和社会网络分析方法，对中央、地方政府出台的政策从区域、产业和组织方面进行分析，剖析当前东北地区振兴政策的指向路径。第二，构建东北地区"老字号""原字号""新字号"产业的竞争力评价指标体系，基于比较优势基准、生产率优势基准和区内产值比重基准，对辽宁省、吉林省、黑龙江省第二产业各行业进行分析，以期确定当前东北老工业基地经济增长动力源泉，形成东北地区具有竞争力的"老字号""原字号"重点产业以及具有发展潜力的"新字号"重点产业发展目录。第三，收集我国31个省、市、自治区的创新数据，构建创新能力评价指标体系，评价东北地区创新竞争力的演化过程，形成东北地区经济发展的现状研究和发展条件研究。第四，基于产业选择、创新竞争力评价、政策评价来构建东北地区动力转换机制的分析框架。

1.1 研究背景及国内外研究现状

1.1.1 研究背景

在中国经济进入结构转型调整的新常态后，东北经济出现断崖式下滑。2014年东北地区GDP增速在我国31个省、市排名皆列倒数五位之内，2016年第一季度辽宁省GDP增速甚至出现-1.3%的负增长。究其原因，在于东北地区经济发展的自我造血功能尚未形成，内生经济增长机制不够完善，东北地区以"老字号""原字号"产业为主的支柱产业无法在短时间内改造升级，而新兴产业在原有产业挤压下又无法获得充分发展的空间。因此，如何加速东北地区产业结构调整，实现新一轮的经济增长，如何形成新旧动力转换机制和转换途径的创新，以及重点产业选择等问题，是当前东北地区面临的重要课题，关系到新常态下东北振兴战略能否顺利实现。

东北经济不论是在新中国成立后的快速发展，还是在2003—2013年的老工业基地振兴，无不与特定的历史背景和战略政策干预密切相关。而经济新常态下外部经济环境的改变和国家产业结构的调整，使得旧的经济发展模式所造成的思维和体制僵化弊端显露。一方面原来以投资拉动、粗放式生产为主的"老字号""原字号"产业的转型和升级短期无法完成；另一方面工业比重过大限制了服务型产业与新兴高科技产业的生存和发展。长期以来东北地区产业结构呈现出产业链条向上延伸较长，向下延伸较短的特征，导致"老字号""原字号"产业短期内无法从粗加工和低附加值向深加工和高附加值转变，无法适应外部需求结构的改变，而"新字号"产业又由于东北地区的体制机制、营商环境等问题无法形成新的驱动力，现有新兴产业的发展又面临区域同构、相互竞争的困境，这都使得东北经济在失去原有的产业赢利能力之后，更难找到新的经济增长引擎。

图 1-1 反映了 2010 年第一季度至 2016 年第一季度全国及辽、吉、黑三省的国内生产总值指数变化情况。2014 年后辽、吉、黑三省的国内生产总值指数小于全国平均水平，辽、吉、黑三省表现出较强的共性特征，即高于全国平均水平的上升幅度和下降幅度。

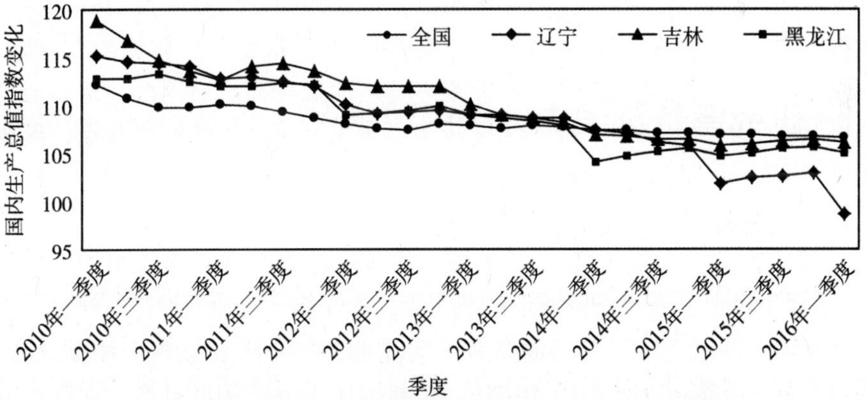

图 1-1 国内生产总值指数变化趋势图（上年同期=100）

那么，东北地区传统产业衰退的根源是什么？传统的主导产业如何改造升级？主导产业的接替产业和新兴产业如何替代才能成为经济止跌复苏的驱动力？实现新旧动力转换的机制和途径是什么？这些都是本书关注的主要问题。

本书将对东北地区"老字号""原字号""新字号"产业的现状进行重新梳理，基于辽吉黑三省的区域差异分析东北地区传统产业的竞争优势以及新产业的发展潜力，揭示东北地区新旧动力转换机制和实现途径，形成东北地区重点产业选择，以期为经济发展新常态下东北地区产业发展政策的制定提供理论支持。

1.1.2 问题提出

从辽、吉、黑三省的国内生产总值与全国平均水平的比较来看，此次东北地区经济增速滑落之快、程度之深、范围之广超出历史上其他时期。2014年辽、吉、黑经济增速集体跌破合理区间。2015年经济增速分列全国倒数第一、四、五位。这表明东北地区的经济问题存在着一定的共性，原有的经济结构和体制矛盾在中国经济进入新常态后显得更为突出和尖锐，产业结构调整与体制突破已经到了刻不容缓的关键时期。

从东北经济波动相对于全国经济波动所表现出的特点来看，东北地区目前所出现的经济问题实际上是传统的产业结构深层次矛盾在新的宏观经济大环境下的集体爆发，是老工业基地在增长速度的换挡期，是结构调整的阵痛期，是前期刺激政策的消化期综合叠加影响下产业发展面临的特殊困难时期。东北地区的普遍现状是“老字号”“原字号”形成的“偏老、偏原、偏大”的产业结构已经不能很好地适应市场需求。因此，东北地区走出发展困境的出路在于产业结构转型，尽快形成新的经济增长点，形成适应新旧动力转型的机制和体制创新。

（1）传统产业“老字号”“原字号”唱主角。

“老字号”是指石油化工、能源、装备制造以及食品等传统产业，而“原字号”是指依赖自然资源形成的产业，如煤炭、石油、钢铁、建材、有色金属等。以“老字号”“原字号”为主的支柱产业在竞争中明显乏力，后劲不足，直接影响东北经济增长。东北地区工业依赖度过高，支柱产业主要集中在石油化工、装备制造、煤炭等重化工行业和资源依赖型行业，迫切需要在对现有“老字号”“原字号”产业梳理的基础上，确定优势产业和具有竞争力的企业就成为本书首先要解决的问题。

（2）“老字号”“原字号”产业的改造升级与“新字号”的选择。

作为在过去东北经济发展中充当绝对主力的“老字号”“原字号”产业，需要结合资源禀赋和市场竞争力进行重新评价，确定其中的优势产业、企业和产品加以升级改造。战略新兴产业的布局和培育将成为处于困境的东北经济有效摆脱不利局面的一剂强心针。然而，从目前东北三省新兴产业的发展规划来看，各地的产业同构化严重，存在盲目上马、“摊大饼”的局势，制约新兴产业未来可持续性发展。因此，对东北地区进行整体的新兴产业布局规划时，不仅需要对各地的资源禀赋进行系统科学的评价，还需要从区域协调和功能定位角度选择符合地区发展的战略新兴产业，这样才能使新兴产业成为东北经济走出泥潭的全新驱动力。

（3）新旧动力转换机制的建立是实现东北振兴的重要抓手。

对于深陷结构性矛盾和体制性矛盾下的东北经济，急需新的驱动力使经济重回轨道。无论是对既有“老字号”“原字号”产业的升级改造，还是对“新字号”产业的布局和培育，目的都是通过产业结构调整为东北经济注入活水，以形成新的经济驱动引擎。然而，现有产业发展模式经历几十年的运作已经根深蒂固，如何形成新旧动力转换机制将是东北经济结构性调整能否成功的关键。在对旧驱动力和新驱动力有效识别和划分之后，深入挖掘东北地区“老字号”“原字号”产业的升级改造机制，以及“老字号”“原字号”产业向“新字号”产业的转换机制和途径研究将成为本书的重点。

（4）形成科学合理的产业规划。

针对“老字号”“原字号”产业竞争力，以及“新字号”产业发展潜力的分析，将对东北地区现有的产业环境，具有竞争优势的企业和产品有一个系统的了解，而对新旧动力转换机制的深入研究将使我们更进一步明确产业调整途径以焕发东北经济新的活力。这些都将指导我们合理科学地选择地区主导产业，形成鼓励和支持发展的产业和产品以及适合特定地区布局的产业和产品。

1.1.3 研究现状及评述

东北振兴战略实施以来，围绕东北地区经济增长的研究已经取得了丰硕的成果，为东北地区近10年的经济增长提供了理论支撑。但随着东北经济新问题的出现，如何形成推动东北经济增长新的驱动力，如何在新的环境下选择主导产业，以及东北地区经济新旧动力机制转换等问题，将成为一个新的研究热点。

（1）产业选择的研究进展。

产业选择对产业结构的调整升级以及国民经济素质和实力的提高将产生重要影响（潘素坤和邸晓燕，2006），是经济周期的物质承担者，也是形成经济长波论的物质基础（胡建绩和张锦，2009），但在产业选择过程中需要考虑国家发展实际、社会需求以及国际竞争需求等。周叔莲和吴敬琏（1979）认为在不同的发展时期，国家应该选择不同的产业。因此，如何进行产业选择，产业选择的依据和标准是什么，许多学者对此给出了评价依据。

① 产业选择依据及标准研究。

对于产业选择的依据，赫希曼（1958）首先指出产业是一个国家的重要经济基础，主导产业选择需要考虑产业间的关联性，产业关联性越高越有利于国家经济的整体提升。基于赫希曼的观点，罗斯托（1960）进一步将产业关联进行延伸和拓展，划分为后向关联效应、旁侧关联效应以及前向关联效应，基于该准则进行重要产业选择。筱原三代平则在 20 世纪 50 年代为日本战略性产业结构规划提出了两个基准，即收入弹性基准和生产率上升基准。1971 年，日本产业结构审议会指出需要在既有产业选择的基础上引入“环境标准”“劳动内容”两个产业选择准则（叶安宁，2007）。周淑莲（1990）在赫希曼（1958）、罗斯托（1960）的基础上，将产业选择评价标准延伸，认为在国家或区域产业选择过程中还需要考虑“瓶颈基准”“平衡发展基准”“协调基准”“货币回笼基准”“就业与节能基准”“高附加值基准”“技术进步基准”“边际储蓄率基准”等。除此之外，胡建绩和张锦（2009）认为产业选择还需要考虑地区资源禀赋、社会需求以及国际竞争需求等。叶蔓（2011）重点考察了资源型城市的主导产业选择，指出在资源型城市中，主导产业或接替产业的选择需要考虑主导或接替产业所实现的就业率。然而，欧阳慧（2008）认为上述产业选择准则并不适用于全部地区，在我国西部地区重点产业选择中需要增加比较优势准则的比重，同时需要删除关联度准则。

② 重点产业选择研究进展。

基于既有的产业选择理论，吕明元（2005）认为产业选择理论需要与经济发展实际相结合。自改革开放之初到 2004 年，我国的产业选择经历了四个阶段，每个阶段的产业选择考虑自然条件、社会条件、技术水平等，形成从“轻工业”到“重工业”的过渡。戴宏伟（2003）认为不同区域的劳动生产率不同，将形成不同区域的生产优势，使不同区域形成不同的产业规划，劳动生产率较高的区域应该结合区域资源禀赋进行重点产业选择。刘友金等（2012）以江西省 37 个工业部门为分析对象，认为不同区域需要考虑不同的产业选择，利用梯度系数确定了江西省的接替产业。于言良（2006）提出培育新的主导产业也需要进一步协调与既有产业的关系，优先发展基础产业，鼓励扶持先导产业，逐渐退出衰退产业，实现新旧产业的顺利过渡。于凯生（2008）基于我国资源型城市发展特点，进一步提出我国矿产资源型城市产业选择的政策保障。肖志兴等（2010）认为产业升级是我国经济发展的必然选择，在当前我国经济发展过程中需要进一步将低碳产业、新能源产业等作为战略性产业进行培育。李铁成和刘力（2015）针对广州市战略性主导产业的选择，提出广州新一代信息技术、生物与健康产业、新能源与节能环保等战略性新兴产业的发展将有助于优化广州市的整体产业布局。殷军等（2016）基于供给侧改革的背景分析区域传统产业和战略性新兴产业的选择，认为只有在产业转换成本足够大时，企业将只考虑传统产业，否则可能将战略性新兴产业作为其主导产业。

对于产业的选择，既有研究不仅制定了产业选择的依据和标准，而且基于不同国家和地区的经济发展进行了主导产业的选择，对于推动地区经济发展起到了重要作用。然而，对于东北地区特殊的经济发展历史和背景，使得东北地区产业选择在制定标准的同时，还需要从东北地区的实际情况出发，基于资源禀赋、市场竞争力、比较优势、产业关联、转换成本等多方面进行考虑，形成不同区域的权重指标。

（2）产业竞争力研究进展。

产业竞争力是产业组织的一个重要研究内容，是产业选择的重要标准，也是反映一个国家或地区经济发展的重要因素（汪莹，2008）。对于产业竞争力评价，波特提出了“钻石体系”，全面衡量了生产要素、需求条件、相关与辅助产业的状况、企业策略、结构与竞争对手对产业竞争力的影响（Dunning，1993）。朱小娟（2004）指出产业竞争力受多种因素影响，但比较优势和竞争优势是重要决策因素。刘小铁和欧阳康（2003）指出产业竞争力由产业竞争优势决定，而产业竞争优势由产业组织效率、投入要素数量和质量、学习和创新能力、合作效率等重要因素组成。陈志等（2009）则指出技术创新是产业竞争优势来源。陈柳钦（2005）认为产业竞争力具有交叉性和递阶层次性，而产业集群的存在是提升产业竞争力的重要方式。蔡昉（2003）指出产业竞争力并非是静态行为，而是资源禀赋结构和市场环境结构的动态调整过程。徐敏燕和左和平（2013）进一步指出环境规制也是产业竞争力的重要体现，环境规制能刺激企业进行环境技术创新而补偿环境规制成本，形成企业的赢利能力。

①产业竞争力评价指标体系研究。

学者们对于产业竞争力评价指标体系的构建有着不同的理解。构建产业竞争力评价指标体系时，指标之间的权重关系存在差异（Siggel，2001）。陈志等（2009）指出在产业竞争力评价时，通常使用CMS模型、成本收益法、投入产出法等，而在评价产业国际竞争力时仍需要构建包含汇率在内的评价体系。Kravis和Lipsey（1989）在构建国际产业竞争力评价指标时，认为美国高科技产业出口对汇率敏感程度高。裴长洪和王镭（2002）将既有的产业竞争力评价指标体系分为显示性指标体系和分析性指标体系，而分析性指标体系能够直接反映竞争力的影响因素，如生产率指标、市场营销指标和组织管理指标等。

②产业竞争力评价的应用研究。

学者们对于不同产业的竞争力给出了评价。钢铁产业是我国重要的产业，徐康宁和韩剑（2006）基于产业集中度衡量我国钢铁产业的竞争力，认为我国的钢铁行业集中度较高，由规模优势逐渐形成规模效率（焦国华等，2007）。刘桂萍（2000）分析了我国钢铁产业的竞争力和影响因素，认为技术水平是抑制我国钢铁产业竞争力提升的重要因素。何维达等（2009）从国民福利与产业利润、前向竞争力与后向竞争力、比较优势与比较效率三个层面分析了我国钢铁产业的竞争力，指出我国钢铁产业存在规模优势和效率劣势。除钢铁产业外，徐广瑞（2010）利用产业集聚度测算了2000—2008年我国高新技术产业5大行业的集聚指数，认为产业集聚是影响我国高新技术产业竞争力的重要指标。李莎和刘思峰（2006）以江苏省IT产业为研究样本，指出产业集聚是影响产业竞争力的重要因素，产业集聚提升了江苏省IT产业的竞争力。潘霞等（2013）同样对高新技术产业竞争力给出了评价，基于我国29个地区的高新技术产业分析，认为高新技术产业的竞争力需要同时权衡内在竞争力和外在竞争力。姜彤彤和吴修国（2011）则对文化产业竞争力进行评价，基于AHP分析法构建了文化产业竞争力评价模型，形成了文化产业竞争力的评价指标。

产业竞争力是产业选择的重要依据，东北地区的产业升级需要进一步确定不同产业的竞争力水平，基于产业竞争力的分析进一步实现对优势产业的选择，形成东北地区的重点产业选择。

（3）产业动力转换机制研究进展。

无论是产业竞争力的评价，还是主导产业的选择，本质上是实现新旧产业之间的转换，以促进区域经济的发展（袁海，2004）。王艳霞（2003）认为需求结构变化、供给结构变化、竞争和市场机制都是产业转换的内在动力。陈芳（2009）从利益导向机制、社会需求拉动机制、技术进步推动机制、竞争机制等方面分析了山东省太阳能产业的发展机制。张新萍等（2009）指出产业辐射体系的规模会影响相关区域内产业，可能导致产业的调整，形成产业辐射动力的转换。江飞涛等（2014）认为中国工业增长的动力机制已由效率与要素协同驱动型向资本投入主导驱动型转变，在产业动力转变过程中需要政府为市场建立完善的制度体系，同时促进创新与技术的转移。任保平（2015）认为在新常态要素禀赋结构变化背景下，以投资为驱动力的传统产业发展模式已经不能成为中国经济新的驱动力，需要从再工业化、自主创新、完善市场体制、区域经济整合等方面形成结构层面经济增长的潜在动力，实现传统经济驱动向新兴经济驱动的机制转换。周小亮（2015）构建了基于制度、行为与绩效互动演化下的经济增长动力转换分析框架，形成了我国经济增长动力的转换特征、条件、机理及路径。

然而，对于东北地区而言，“老字号”“原字号”产业如何向优势产业转换，“老字号”“原字号”产业如何向“新字号”产业转换，转换条件、转换机制及途径是什么，这些问题的研究将影响东北地区产业调整。

（4）现有研究评述。

既有研究对于产业竞争力、产业选择以及产业动力转换机制都进行了广泛研究，形成了丰硕的成果。然而，东北地区经济发展或产业选择的特殊发展历史，东北振兴战略实施10年后的经济断崖式下滑显露出产业结构矛盾和体制机制矛盾的突出，既有的产业选择原则、产业动力转换条件和机制如何调整才能适用于东北地区，新一轮东北经济振兴应该选择怎样的产业，既有的研究并没有给出完全的解释，现阶段东北地区产业转换动力机制和途径方面的研究存在明显不足。

本书将基于东北地区经济发展的特殊性，构建适合于东北地区的产业竞争力及发展潜力评价体系，形成东北地区经济发展的产业选择，揭示东北地区新旧动力转换的机制和条件，为进一步推动东北地区经济振兴提供政策依据。

1.2 研究目的和意义

1.2.1 研究目的

本书通过构建产业竞争力和发展潜力评价指标体系，梳理东北地区“老字号”“原字号”产业中具有竞争优势的产业、企业和产品，以及具有发展潜力的“新字号”行业、企业和产品。主要实现两个目的：第一，形成东北地区新旧动力的转换机制，通过体制和机制创新促进产业结构调整，激发地区经济活力；第二，明确东北地区当前及未来可能的重点产业选择方向，为东北地区经济发展的政策实施提供理论支持。

1.2.2 研究意义

（1）理论意义。

东北地区经济发展的历史背景以及区域特征形成了东北地区经济发展的特殊性。东北地区传统产业的衰退之源到底是什么？东北地区“老字号”“原字号”向“新字号”转换的动力机制是什么？围绕这些问题的回答具有重要的理论意义。同时，采取定量化方法对主导产业和接替产业选择进行分析，为相关理论形成补充。本书将结合东北发展的实际，给出东北经济断崖式衰退新的理论解释，进一步揭示东北地区经济发展的新逻辑，弥补既有研究对东北地区研究的不足。

（2）现实意义。

东北地区是我国重要的经济区域，对于我国的经济发展具有重要作用。本书将在梳理东北地区“老字号”“原字号”“新字号”产业竞争力和发展潜力的基础上，形成东北地区产业优先发展的选择，对于指导东北振兴具有一定的现实意义。

1.3 研究目标

本书预期通过构建东北地区“老字号”“原字号”“新字号”的竞争力

及发展潜力评价指标体系，梳理东北地区“老字号”“原字号”“新字号”产业中的优势产业，具有较强竞争力的产品及发展潜力的行业、企业和产品，一方面揭示东北地区新旧产业的动力转换机制，弥补既有对东北地区产业结构调整研究的不足；另一方面，通过东北地区重点产业选择研究，形成东北地区优先发展的产业、企业、产品，为东北地区经济振兴政策的制定提供理论支撑。预期达到以下目标：

① 构建东北地区“老字号”“原字号”“新字号”产业竞争力及发展潜力评价指标体系；

② 梳理东北地区“老字号”“原字号”产业的优势行业以及改造提升的方向；

③ 提出具有发展潜力的“新字号”行业领域和主要产品；

④ 揭示新常态下东北地区新旧动力转换机制及途径。

1.4 技术路线图

技术路线图如图 1-2 所示。

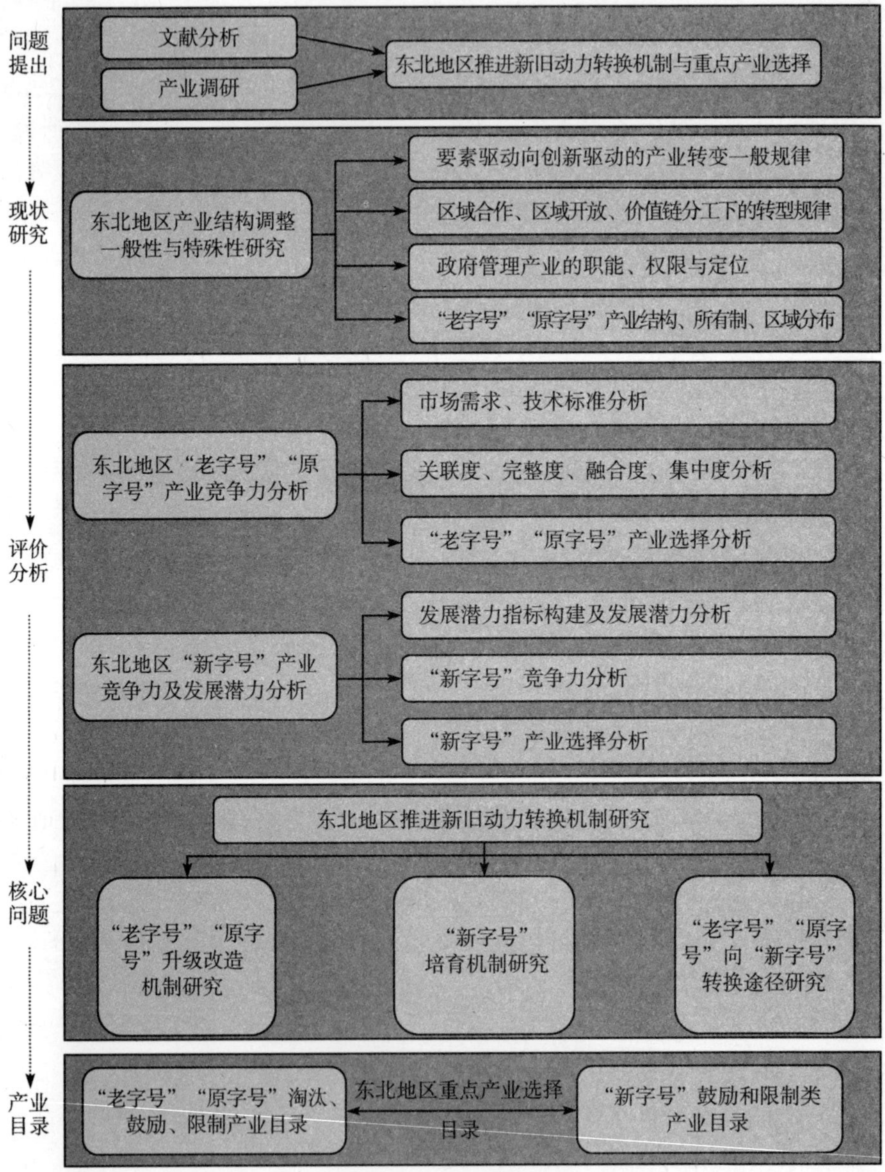
问题提出
文献分析
产业调研
东北地区推进新旧动力转换机制与重点产业选择
现状研究
东北地区产业结构调整一般性与特殊性研究
要素驱动向创新驱动的产业转变一般规律
区域合作、区域开放、价值链分工下的转型规律
政府管理产业的职能、权限与定位
“老字号”“原字号”产业结构、所有制、区域分布
评价分析
东北地区“老字号”“原字号”产业竞争力分析
市场需求、技术标准分析
关联度、完整度、融合度、集中度分析
“老字号”“原字号”产业选择分析
东北地区“新字号”产业竞争力及发展潜力分析
发展潜力指标构建及发展潜力分析
“新字号”竞争力分析
“新字号”产业选择分析
核心问题
东北地区推进新旧动力转换机制研究
“老字号”“原字号”升级改造机制研究
“新字号”培育机制研究
“老字号”“原字号”向“新字号”转换途径研究
产业目录
“老字号”“原字号”淘汰、鼓励、限制产业目录
东北地区重点产业选择目录
“新字号”鼓励和限制类产业目录

图 1-2 技术路线图

第 2 章　新常态下东北地区产业结构调整的一般性和特殊性研究

东北地区作为我国重要的老工业基地，由于市场环境变化以及自身存在的问题，使得东北地区产业运行机制的旧动力缺乏活力，内生自我增长机制无法形成，产业结构已经到了不可不调的关键时期。

产业结构调整具有一般性规律。然而，东北地区特殊的老工业基地形成背景以及长期的计划经济发展模式，又使其具有与其他地区不同的产业结构和体制结构，以及独特的营商环境。尽管自 2003 年以来，东北振兴战略对东北地区经济增长起到了重要的推动作用，但产业结构调整始终在振兴之路上步履蹒跚，产业结构调整的质量和幅度始终不明显，迫切需要在认识一般性规律的基础上，找到东北地区产业结构调整的特殊性。本书将在产业结构调整的一般性规律和特殊性分析的基础上，形成东北地区产业结构调整的思路和逻辑。

2.1　要素驱动向创新驱动转变的一般性

（1）要素驱动与创新驱动的概念。

要素驱动是指主要依靠各种生产要素（如土地、劳动力、资本等）的投入来促进经济增长的发展方式。由于这种经济发展方式对技术的依赖比较弱，适应了我国改革开放初期技术实力不强的实际，因此很多地区的经济发展都是走要素驱动发展的道路。但这种粗放型的经济增长方式也带来了大量问题。第一，经济发展的非可持续性。要素驱动型经济对要素的依赖很强，一旦该地区出现要素枯竭，建立在要素投入基础上的经济体系就会崩塌。第二，环境承载力有限。要素的投入必然会产生环境污染，经济快速发展对环境产生的压力，导致环境承载力无法持续。第三，要素驱动形成的粗放式经济发展方式，导致产业链条较短，技术水平低下以及生产率较低等问题，造成地区产业同构化，低端竞争不断加剧，无法满足高质高效的有效供给。

创新驱动，是指经济增长主要依靠科技创新实现经济效益的集约增长，通过技术变革提高生产要素的产出，实现经济的持续增长。创新驱动对要素驱动的改变主要体现在两个方面：一是提高要素利用率及发现新的利用形式，从而提高投资回报率和减少污染物的排放；二是通过技术创新，催生新的产业形式，促进经济的转型；三是形成新的主导产业，实现产业发展向高效、集约、生态方向发展。

以要素驱动或是创新驱动模式实现经济增长取决于产业升级调整的转换成本。基于要素驱动的粗放型增产路径不需要技术转换，在经济增长初期对于提升产量起着重要作用，政府对生产要素的价格补贴更加剧了企业或产业的粗放型经济增长模式。比如改革初期东三省人均 GDP 不同程度地高于全国人均水平。1979 年，辽宁人均 GDP 相当于全国人均 GDP 的 179%，黑龙江达到 149%，吉林达到 100. 5%。要素驱动的经济增长使得东北地区成为我国重要的粮食生产、装备制造业、能源原材料等基地，对于当时我国的经济增长起到了至关重要的作用。与此同时，要素驱动的增长模式集中体现在“老字号”“原字号”产业上，使得东北地区的“老字号”“原字号”产业成为推动经济增长的唯一动力。然而，粗放型经济增长方式容易导致高投入、高能耗、高污染、低附加值的产品，在经济高速增长下弊端显现不明显。在经济进入新常态后，经济整体增速放缓，要素驱动的生产方式弊端不断显露，“老字号”“原字号”产业的市场竞争力下降，造成东北地区经济出现下滑。另一方面，“老字号”“原字号”产业主要涉及国家战略性产业，具有较强的周期性产业特征，这些产业受外部环境影响较大，外部经济环境恶化，使得整体经济增长下滑，甚至可能出现负增长，如辽宁省 2016 年 GDP 增速为-2. 5%。

要素驱动的经济增长使得自然资源、环境承载力无法形成支撑，高投入、高能耗、低产出、低附加值的产品已经不能满足消费者的需求，迫切需要从追求数量和速度的生产方式向追求质量和效率的生产方式转变，由要素驱动向效率驱动以及创新驱动转变。

（2）要素驱动向创新驱动转变的一般规律。

分析现实中创新驱动增长的案例，可以进一步明确由要素驱动向创新驱动转变的一般规律。

① 浙江省。

浙江省是我国经济发展的排头兵，是实现由要素驱动向创新驱动，由制造大省向创造大省转变的典型。为实现创新驱动，浙江省着力突出创新驱动在经济发展全局中的核心作用。一方面，打造和发挥市场与政府在经济增长方面的两个积极性，解决科技创新“四不”问题；另一方面，突出企业在技术创新中的主体地位，实现“八倍增”“两提高”发展目标，推动技术成果的产业化，实现教育、科技、人才工作的协调发展，突出以实绩论英雄的科技评价导向①。在此目标上，浙江省以科学技术为核心，通过深化行政审批制度改革，鼓励浙商回归创办科技型企业和创新型企业；降低创新人才创业门槛，积极吸引海外高层次人才来浙落户创业；推动高等教育朝着社会需要、市场需求方向改革，深入实施“高水平大学建设工程”，提高学科与产业、专业与就业的契合度；扎实推进科技与金融紧密结合，加快形成多元化、多层次、多渠道的科技创新投融资体系；加快建立健全知识产权保护机制，完善诚信体系，净化市场环境；鼓励企业“走出去，引进来”，更好地利用国内外创新资源，加强技术引进、消化、吸收和再创新；大力引进大学名校共建创新载体，优化科技创新体制环境，提高全民科学素养和创新意识等，实现浙江省经济发展由要素驱动向创新驱动的转变。

② 重庆市。

近年来，在创新模式驱动下重庆市工业发展上升趋势显著，工业结构优化升级不断推进，传统工业部门比重下降，高新技术部门比重上升，较

①“四不”：科技投入产出不匹配、产学研用结合不紧密、评价考核科技成果的标准不科学、科技创新的体制机制不适应。“八倍增”：实现到 2017 年 R & D 经费支出、研发人员数、发明专利授权量、规模以上工业新产品产值、高新技术产业产值、技术市场交易额、高新技术企业数、科技型中小企业数等八项指标倍增。“两提高”：科技进步贡献率、全社会劳动生产率等两项指标明显提高，到 2020 年跨入创新性省份行列。

好地实现了传统工业部门与高新技术工业部门间的协调。立足于自主创新，培育发展各类创新主体，培养自主创新型人才，明确企业在创新中的核心主体地位，搭建产业技术创新联盟，建设科技成果转化服务中心，构建科技资源共享和交易云服务平台；加大研发资金投入力度，优化资金投入结构，实现人力资本和物质资本在新技术孵化层面的合理配置，实现产业发展的专业化、集约化、高端化和市场化；破除体制机制障碍，推进知识创新和技术创新体系进度、建立衔接转化机制、推进科技体制改革，完善协同创新机制，形成创新驱动发展动力。围绕产业链布局创新链，以科技创新驱动产业结构调整，带动重庆经济转型升级。

③ 吉林省。

吉林省是东北地区着手实施创新驱动战略的领先者。自 2008 年以来，先后出台了《吉林省人民政府关于发挥科技支撑作用促进经济平稳较快发展的意见》《中共吉林省委、吉林省人民政府关于深化科技体制改革加快推进科技创新的实施意见》《吉林省科技发展计划（项目）管理办法》修订等一系列政策文件。在实现由要素驱动向创新驱动的过程中，吉林省以人才为核心，强化产学研结合和转化能力，加大对地方科研机构的扶持力度，使科研技术优势转化为产业技术实践，使科研机构交流平台转化为创新驱动平台载体，实现了汽车、轨道交通、光电子、生物制药、现代农业育种等方面的突破；增加科研经费投入，优化科研经费投入结构，加强对技术市场的管理和经营，扩大技术贸易领域，全面推进科技成果商品化和产业化；加大科技创新体制改革力度，实现按产业链、创新链部署和配置的科技资源目标，逐步形成科技创新体系。基于创新驱动的发展实际，吉林省发挥科技创新对汽车制造、石油化工和农产品精深加工产业的提升，实现由低端向高端迈进；利用信息技术提升装备制造产业水平，发展数字化、柔性化及系统集成技术，加快低碳化、信息化、智能化技术在汽车、轨道客车等方面的应用。

综合来看，要素驱动的经济增长模式主要是劳动力、资本、自然资源等要素投入，政府干预严重，是非可持续的经济增长模式；创新驱动的经济增长模式主要体现在技术创新、体制创新、管理创新、理念创新、业态创新、人才创新等方面，通过创新技术在产业生产和管理模式的应用，提高企业或产业的运行效率，实现创新技术的产业化，从追求数量和速度的粗放型生产方式向质量和效益的高效型生产方式转变，政府由对产业的支持逐渐向技术支持转变，而不只是资金和项目方面的支持。例如，日本提出了科技立国和知识产权立国战略，韩国扶持大企业集团在特定领域重点突破，以色列以高研发投入强度突出优势领域的领先地位等，都说明政府在创新驱动发展模式转型中发挥着重要作用。图 2-1 是要素驱动的粗放型增产路径模式与创新驱动发展路径模式的演化。一方面，政府对于生产要素和技术的关注程度不同，即由要素驱动向创新驱动转化过程中，技术是决定能否实现驱动模式转化的前提。然而，创新驱动需要实现国家需要、人民需求和市场需求的三重满足，增强自主创新能力是实现创新驱动发展战略的根本。在创新驱动型经济增长路径中，需要体制机制改革作为保障，不断在优化人才高效开发机制、创新资源的有效配置机制、区域创新合作体系、企业自主创新激励机制、产学研合作机制以及科技成果转换机制等方面下功夫。另一方面，政府需要下放管理权，明确政府与市场的关系，坚持创新以企业为主体，市场为导向，提升企业在配置劳动力、资本、人才等方面的管理权，推进创新体制机制改革，在政府职能改变的模式下，实现创新驱动的经济增长方式。

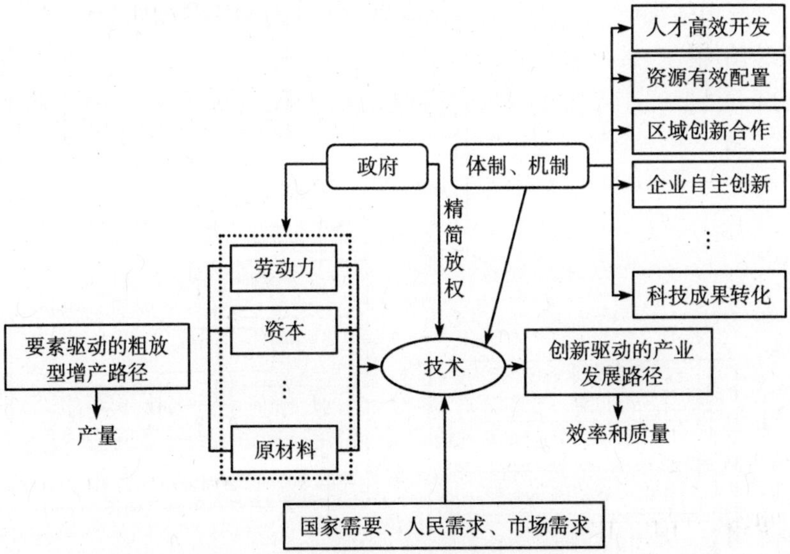

图 2-1　要素驱动与创新驱动的演化路径

（3）东北地区实现创新驱动增长的特殊性。

东北地区创新驱动发展是实现东北振兴、适应新常态发展的必然要求。

在东北地区的产业结构升级中，一方面，典型的国有资本运作模式，创新资源不能有效配置，区域创新合作薄弱，科技成果转换较慢；另一方面，东北地区产业发展依赖于自然资源，辽吉黑三省的产业过度同构化，区域内部竞争激烈，区域间协同程度较弱。此外，东北地区开放程度不够，人才流失严重，企业内部创新动力不足，创新要素积累较少，产业的信息化、自动化、智能化水平较低；东北地区长期以来要素驱动的经济发展模式，使政府始终处于经济发展中心，形成了政府至高无上的权力。在要素驱动的经济发展模式下，政府掌握着资源的计划与分配权力，形成靠关系拉项目、靠关系办事，没有形成公平竞争的营商环境，也进一步阻碍了人才引进与培养，使得东北地区产业结构调整和经济增长方式转变具有一定的特殊性。因此，东北地区经济从要素驱动向创新驱动转变，需要同时实现创新要素驱动、创新需求驱动、协同创新驱动的三位协同综合模式，即从体制机制上破除创新前端、创新中端和创新后端的障碍，增强经济开发程度和区域协作程度（图 2-2）。

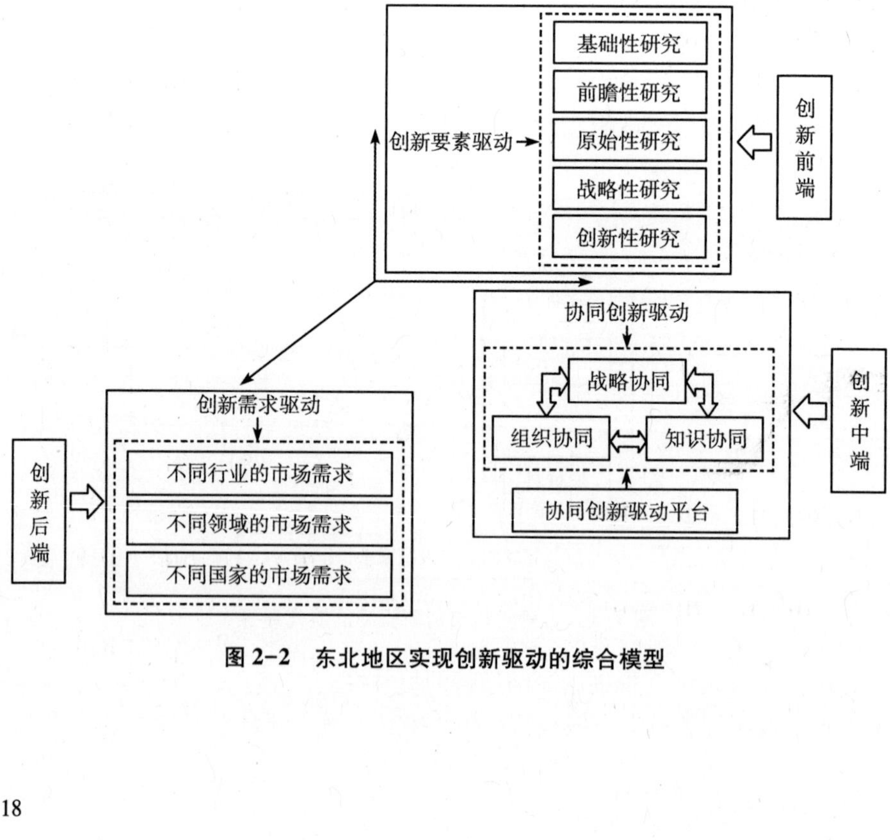

图 2-2 东北地区实现创新驱动的综合模型

2.2　经济转型的影响因素

（1）影响产业转型的一般规律。

区域合作与开放、价值链分工、企业空间等要素显著影响地区经济转型。不同区域自然资源禀赋、劳动力成本、科技创新、制度环境等因素的差异，使得参与价值链分工的区域个体具有不同的成本。然而，价值链分工也要求参与的区域个体拥有更高的区域合作意愿和开放程度。反过来，区域开放和合作程度的加深也将进一步深化价值链分工。当前，区域间流通网络与信息科学技术的发展，进一步减少了区域间经济主体参与价值链分工的成本，深化了区域间的生产合作，随着区域合作和开放程度的深入，各区域在价值链分工方面的地位将发生变化，促进产业转型发展。

区域内产业基于一定的价值链分工，形成区域内部产业间的相互协作。然而，区域个体产业定位不同、分工层次不同，网络关系结构不同、创新能力存在差异等将直接影响不同区域个体对于资源、技术、政策的竞争程度，影响区域个体价值链的形成和区域合作的开展。若区域内部个体的分工网络层次较低，区域内部将形成同质化竞争，弱化区域内产业竞争力，导致产业转型困难重重。此外，政府的行政壁垒和制度创新将在影响区域个体的同时，影响价值链分工对区域合作发展的深化程度，进一步影响区域空间网络化、区域空间要素扩散和集聚程度，最终影响区域产业转型发展。例如，开放的制度环境将强化区域内部个体间的互动，促进资本、技术、劳动力等生产要素的开放流动，价值链分工逐渐明确，在区域产业升级调整过程中形成区域产业内部的统一调整，实现区域合作、区域开放和价值链分工的完整性。企业的空间模式也将影响区域转型。在特定区域内部，区域产业分工合作通过不同企业间的业务展开，企业在一定时空范围内集聚扩散，实现区域产业分工合作的演化和升级，并逐步带动所在城市和城市群的互动发展，形成由点及面、由面及带的空间延展，总体呈现“分散阶段—集聚阶段—网络化阶段”的演化形式。在价值链分工、区域开放与合作、企业空间模式的共同作用下，实现产业转型的路径转变，推进产业向高端化和高效化演化（图 2–3）。

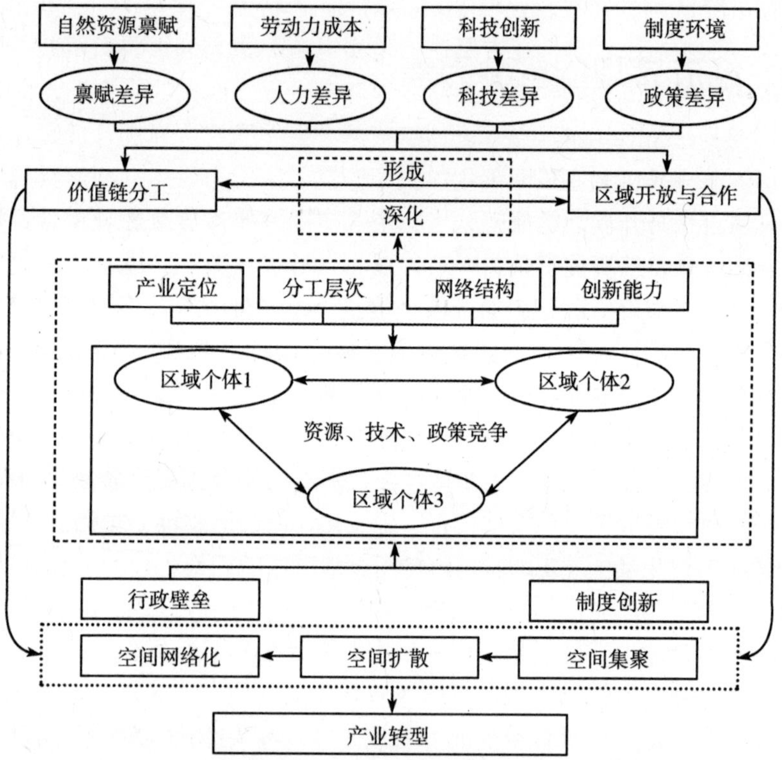

图 2-3 区域开放与合作、价值链分工与地区产业转型

（2）产业转型的案例分析。

合理的产业分工形成产业集聚，实现具有比较优势甚至绝对优势的互补式、协调式一体化发展，更好地发挥区域整体合力，促进区域经济增长。当前我国已经形成以长三角、珠三角、环渤海等经济圈为主的经济发展格局，区域分工网络基本形成。以长三角地区为例，形成了以上海为代表的区域中心型增长模式（金融中心），以苏州为代表的引资型增长模式（文化中心、人才中心），以温州为代表的本土原生型增长模式（中小企业生产集群），以宁波、南通为代表的衍生型增长模式（港口中心），形成了围绕不同分工和协作的区域型产业集群。长三角地区的经济转型模式，充分利用了区域合作和开放、价值链分工等有效路径，在区域经济转型方面具有极强的借鉴意义。

（3）东北地区实现产业转型的特殊性。

对于东北地区而言，辽吉黑三省是实现东北振兴的重要经济载体，三省间的价值链分工、区域合作和开放程度、企业空间模式将影响东北地区产业转型和经济增长。从东北地区价值链分工、区域合作和开放程度等要素来看，一方面，东北地区在自然资源禀赋、劳动力成本、制度环境等方面差异较小，且产业结构呈现以“老字号”“原字号”为主，主导产业同质化严重，基于区域的价值链分工尚未形成；另一方面，东北三省的科技创新能力存在差异，新兴产业布局有所不同，但由于区域开放程度较低，合作水平较差，使得东北三省的经济联动效应较弱，在推动区域合作和开放、价值链分工方面需要进一步强化机制设计，进而推动东北地区整体的产业转型。此外，尽管东北三省已经形成了各具特色的产业集群和具有一定规模的城市集群，从企业的空间特征出发，已经经过了分散和集聚阶段，正在由扩散阶段向网络化阶段转换。由于东北三省间的网络群组并未形成，仍然处于各自为战的状态。因此，东北地区产业结构调整，不仅需要明确区域层次的效果，还需要明确作为有机个体的辽吉黑三省的分工层次、网络层次和创新能力，以及制度环境和政策壁垒形成的影响。

以农副食品加工业为例，东北三省都将其作为传统优势主导产业，源于东北地区类似的自然资源禀赋。然而，各省的农副产品加工业虽然规模较大，但仅停留在粗加工环节，精加工环节往往在区外完成，造成产品附加值较低，不仅未能充分带动地区经济发展，而且存在区域同质竞争。为实现产业转型升级，东北三省需要进一步调整在产业链中的地位，向高附加值和精深加工方向发展。同时，发展特色优势产品，实现产品差异化、特色化，避免农产品同质导致的恶性竞争，将东北地区打造成独具特色的农副产品精深加工中心。

2.3　新常态下政府管理的职能、权限与定位研究

当前中国进入经济新常态后，客观要求经济发展在注重质量与效益的同时，追求更为稳定的经济发展状态，产业结构不断优化，以创新驱动逐渐代替要素驱动，实现生产方式的转变。然而，新常态下我国的物质文化需求愈加多元化，对生产能力与产业组织方式提出更高的要求，产业结构

调整面临新的挑战和机遇，尤其在当前“三期叠加”的困难环境下，东北地区产业结构调整和重点产业、重点产品的选择显得尤为重要。

实现东北振兴不仅需要找出阻碍东北经济发展的内在因素，而且还需要明确政策等外在因素的影响，形成东北老工业基地创新驱动发展的政策保障。因此，在经济新常态和结构性改革的大环境下，需要进一步分析政府管理产业的职能、权限和定位变化，进一步用政策引导市场预期，实现东北老工业基地的振兴。

东北振兴的关键是产业结构调整，但绝不仅仅是产业结构调整，需要围绕东北经济发展的一般性和特殊性，实现东北地区的全面振兴。基于此，科学地制定符合东北老工业基地未来发展需求的振兴政策，立足区域经济整体运行的视角，从政策系统的整体出发，研究东北老工业基地振兴以来创新驱动政策的演变路径和政策体系，为政策制定与发展需求的匹配性分析提供现实依据。本书将社会网络分析、统计分析、数据分析等方法引入政策研究，从政策对象、政策主体等方面入手，对东北老工业基地创新驱动政策进行系统地梳理和分析，进而形成对当前政府管理产业的职能、权限和定位分析，揭示东北老工业基地创新驱动发展政策的演变趋势。

2.3.1 政府管理产业的职能研究

由计划经济向市场经济转型过程中，政府在经济增长和资源配置中的直接控制作用逐渐减弱，需要由全能型政府向服务型政府转变。推动政府职能转变，包括减少投资项目审批环节，简化政府审批流程，落实企业和个人投资的自主权；减少生产经营活动审批事项，最大限度地减少对各类机构及其活动的认定等非许可审批；减少资质许可的发放，发挥行业协会、学会的作用等。政府职能转变将进一步提升市场效率，解决跨领域、跨部门、跨层级的重大问题。同时，基于东北振兴的需要，政府部门还应该减少对国有企业的控制力度，在保证国有资产的情况下推动混合所有制改革试点，通过企业重组或改制为东北国有经济发展带来新的活力。

当前我国政府管理职能的转变还需进一步完善。长期以来，政府一直扮演着市场的主导者和管理者的角色，政府职能应由大政府向小政府转变，由全能型向服务型转变。界定政府与市场之间的关系，弱化政府的行政职能，理清政府的权力清单和负面清单，是转变东北地区营商环境的关键。东北地区未来仍需要加大力度，实现由控制型政府向辅助型政府、由管理型政府向服务型政府转变，从而实现东北地区的经济体制大转变，通过体制创新和制度创新，实现市场经济活力的自我塑造，推进东北老工业基地的全面振兴。

2.3.2　政府管理产业的权限研究

政府管理产业的权限将直接影响不同部门在产业调整过程中的政策实施力度和实施效果。本书以 2003 年以来中央发布的促进东北老工业基地振兴政策文件为研究对象，对中央和相关部门发布的东北老工业基地振兴政策的主体进行社会网络分析，形成政府管理产业的权限研究。

从东北振兴相关政策发布的角度来看，自 2003 年东北老工业基地振兴战略提出以来，为促进东北地区经济第二次振兴，中央和地方政府高度重视东北地区的改革和发展，发布了许多政策文件，涉及财政、税收、金融、产业、企业改革等方方面面，以期推动东北经济的振兴。相关政策文件的发布主体主要包括国家发展和改革委员会、中共中央、国务院、其他部委等，涵盖中央法规、地方法规、部门规章等 100 多条政策条目。经过筛选和整理，最终得到 2003—2016 年共 68 条与东北老工业基地振兴有关的政策，政策发布主要涉及通知、指导意见、批复、决定、管理办法、行政法规、规划纲要等形式。图 2-4、图 2-5 统计了 68 条中央促进东北老工业基地振兴政策文件的发布形式和发布状况。

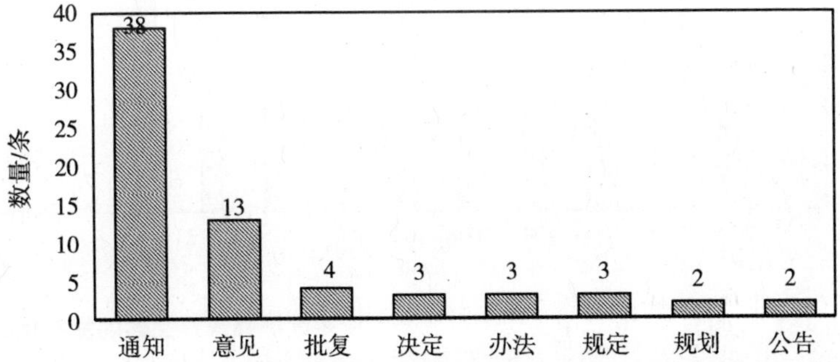

图 2-4　2003—2016 年中央促进东北老工业基地振兴政策文件的发布形式

从图 2-4 可以看出，自 2003 年以来中央政府促进东北振兴政策文件的发布形式最多的是“通知”（38 条），其次是“指导意见”（13 条），其他形式相对较少。“通知”主要是国务院及各部委为了落实东北老工业基地振兴发布的政策文件，如东北老工业基地领导小组成员通知、东北地区玉米储存收购补贴通知、有关增值税抵扣和所得税优惠等政策的通知等；“意见”既有国务院直接针对东北老工业基地振兴的实施意见，如《关于实施东北地区等老工业基地振兴战略的若干意见》《关于进一步实施东北地区等老工业基地战略的若干意见》《关于全面振兴东北地区等老工业基地的若干意见》等，也包括国务院各部委针对东北地区某一方面的具体指导意见，如国家发展和改革委员会、农业部《关于加快转变农业发展方式建设现代化农业指导意见》、国家发展和改革委员会《关于推进东北地区民营经济改革的指导意见》以及国家质量监督检验检疫总局《关于支持东北地区面向东北亚区域开发的意见》等，其他发布形式的政策内容相对较少，包括国家发展和改革委员会发布的关于采购东北地区新产粳稻和玉米费用补贴管理办法，国务院发布的关于东北地区厂办大集体改革试点工作指导意见的批复等。

为了更清楚地描述中央对东北振兴战略的支持力度，图 2-5 统计了 2003—2016 年政府相关政策文件的发布数量情况。

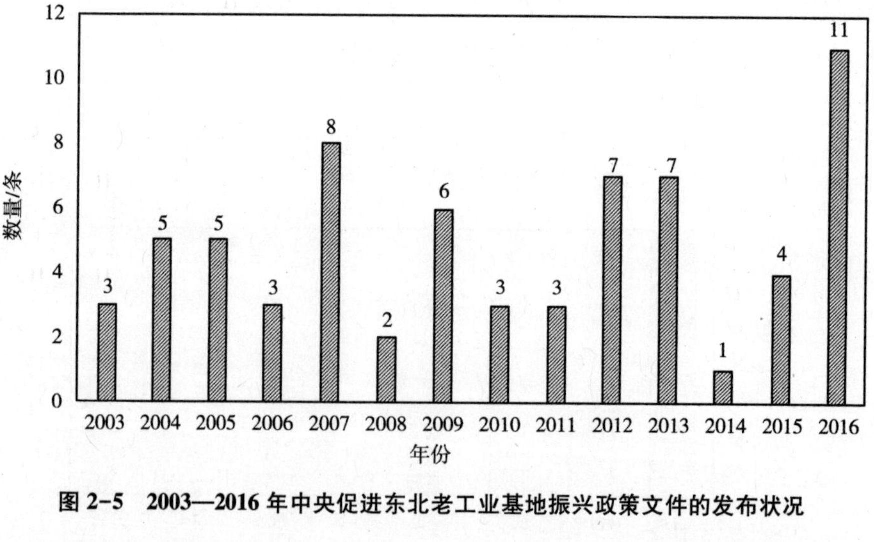

图 2-5　2003—2016 年中央促进东北老工业基地振兴政策文件的发布状况

通过对以上 68 条政策内容和标题进行分析发现，其中 2007 年的 8 条政策中有 5 条是来自中国科学技术协会和中华全国总工会关于东北老工业基地振兴座谈会、论坛的通知，仅有《关于东北地区振兴规划的批复》等 3 条政策文件直接有效；2009 年、2012 年和 2013 年的政策文件中关于玉米等粮食采购的农业政策占绝大多数，如 2009 年玉米粮食收购政策就占了 4

条，国家粮食总局发布的《关于采购东北地区 2009 年新产玉米中央直属企业名单的通知》、国家发展和改革委员会发布的《关于做好 2009 年东北地区秋粮收购通知》等，所以 2009 年、2012 年和 2013 年关于东北老工业振兴的政策偏向农产品，而针对工业，特别是产业结构调整的实质性政策并不多。因此，从图 2-5 可以看出，自东北老工业基地振兴战略提出以来，后期战略政策支持力度并不充足，政策文件的发布不能充分支持东北老工业基地振兴以及东北地区经济实质性发展。2016 年中央政府对振兴东北老工业基地的政策支持力度加强，包括全面振兴东北地区等老工业基地的若干意见在内的，加快中央企业调整改造指导意见等诸多政策陆续出台。

在 2003—2016 年中央政府发布的 68 条文件中，有 30 条政策文件是两部门或多部门联合发布的，为了更清楚地描述中央各部门对东北老工业基地振兴的支持，充分认识各部门之间合作程度的重要性，图 2-6 绘制了东北振兴政策联合发布部门的网络关系图谱，其中节点表示发布政策的部门，节点越大，说明这个部门发布的政策越多，节点之间连线表示两个部门之间联合发布的政策数量，线段越粗说明联合发布政策的次数越多。

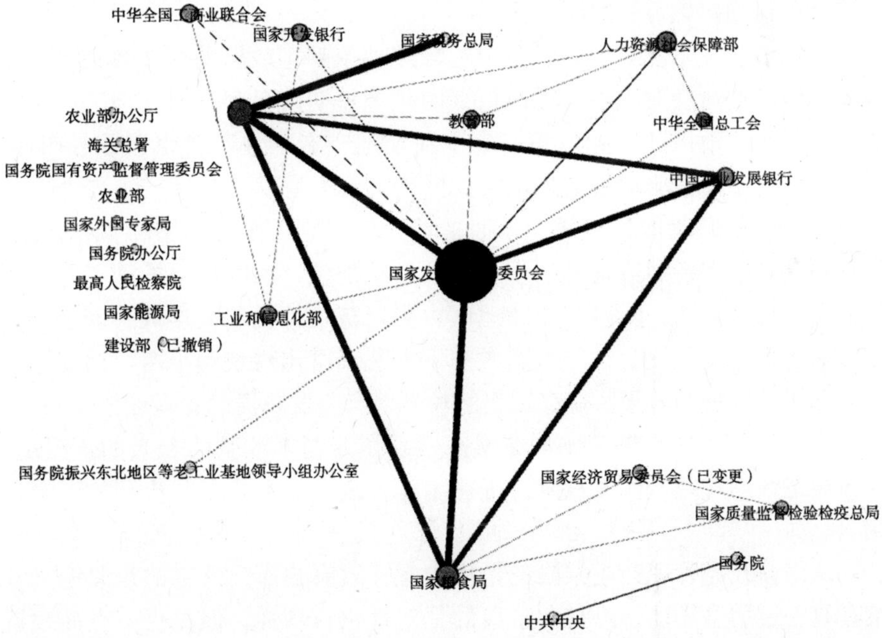

图 2-6 2003—2016 年中央促进东北老工业基地振兴政策部门联合发布网络关系图

可以看到，从政策发布部门来看，只有农业部办公厅、海关总署、国务院国有资产监督管理委员会、农业部、国家外国专家局、最高人民检察院、国家能源局、建设部等部门单独发布了振兴政策，其他部门均有联合发布政策；从政策角度来看，几乎一半的政策是由两个或两个以上部门联合发布。其中，国家发展和改革委员会与财政部这两个部门是与其他部门联合发布政策最多的部门（节点较大），而且二者与其他部门联合发布政策的次数也较多（连线较粗），尤其明显的是中国农业发展银行、国家粮食局这两个部门与国家发展和改革委员会、财政部联合发布政策关系密切，财政部与税务总局政策发布合作也相对频繁（连线较粗）。

从总体网络结构来看，国家发展和改革委员会、财政部、税务总局、国家粮食总局等部门之间仍形成了巨大的政策发布网络，表明中央在支持东北老工业基地振兴政策中，有些部门之间的联系还是比较紧密的，存在一定程度的沟通和协调，有利于扩大政策的影响范围，对加强政策影响和实施力度的效果较为显著。但是农业部办公厅、海关总署、国务院国有资产监督管理委员会、国家外国专家局等不少部门单独发布了部门政策，部门之间的沟通仍然需要继续加强。

可以看出，东北地区的经济增长较多地依赖于政府的产业政策，国家发展和改革委员会对于东北地区振兴的政策短期内会刺激东北地区的经济增长，但东北地区的产业政策仍集中在加强“老字号”“原字号”产业，进一步强化了要素驱动型的产业增长模式，而不是以“新字号”产业为主的创新驱动型产业增长模式。长期来看，东北地区作为国家的粮食基地、原材料基地、装备制造基地的作用仍在不断加强，也间接地推动了要素驱动的经济增长方式，阻碍了东北地区内生经济增长机制的形成，以至于无法应对外部环境的变化，导致新常态下东北经济出现快速下滑。因此，政府对于产业发展的政策实施作用仍然较强，产业发展仍然较多地依赖政府，市场自我调节作用不够完善。在未来实现东北老工业基地振兴的道路上，应该规范政府管理产业的权限，进一步完善政策的着力点和机制的引导作用。

从当前政府管理产业权限的角度来看，政府各部门出台的东北振兴政策具有一定的主导性，对具体产业的针对性也在增强，但仅仅一方面政策的增强并不能改善东北地区整体的产业环境，未来在规范东北地区政府管理产业权限的同时，仍然需要加强各部门之间交流，尤其是加强除国家发展和改革委员会、财政部等部门外其他职能部门的辅助和配套政策，注重政策的引导作用，否则会影响东北老工业基地振兴政策的整体执行效果和实施力度。

2.3.3 新常态下政府管理产业的定位研究

以 2003 年以来中央发布的东北老工业基地振兴政策的相关文件为研究对象，就中央发布的基于区域、产业、组织结构的政策目标绘制了社会网络关系图。通过对中央发布政策对象进行综合判别，明确政府产业管理的定位变化。政府产业管理定位主要是指政府就哪些问题制定政策，政策指向的调整对象是什么，通过政府产业管理定位可以充分反映东北老工业基地振兴过程中政府关注的重点和方向，有利于揭示东北老工业基地振兴政策的主要对象的演变。

通过梳理东北振兴的相关政策，将政策对象分为三类，即区域、产业和组织结构，根据不同类别政策文件主题及相关内容，发现大多数政策是针对整个东北地区的区域类政策，其次是以农业为主的产业类政策，最后是以企业、高校各类组织为主的组织结构政策。区域类政策占总政策的 66%，产业类政策占 21%，组织结构政策仅占 13%（图 2-7）。

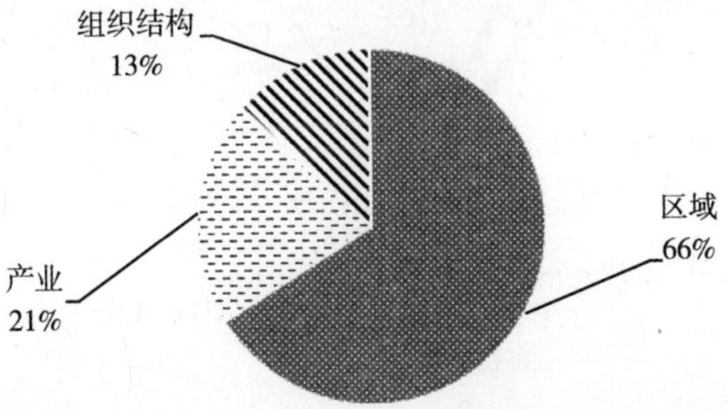

图 2-7　2003—2016 年中央促进东北老工业基地振兴的政策对象

为了更清晰地描述这三类政策对象，绘制以下网络关系图来分析这三类政策对象及其涉及的内容，了解政府产业管理定位的状态。

（1）中央促进东北老工业基地振兴的区域政策。

为了实现东北老工业基地振兴，中央部门以区域为政策对象出台了一系列针对东北地区的政策。具体包括如下三项政策。第一，直接就东北振兴出台的政策，主要以改革、振兴、战略规划为主，这是中央部门自上而下引导和支持东北振兴的最直接的政策措施，也是最主要的政策措施，如相继出台的实施东北老工业基地振兴战略的若干意见、东北地区振兴规划等。当然，在东北振兴的政策发布中，还包括：国家质量监督检查检疫总局、最高人民检察院等部门为促进振兴老工业基地政策实施的配套政策。第二，税收相关政策。中央政府就东北地区出台了大量税收政策，可见国家对减轻东北地区税收负担的重视，中央还就税收减免和优惠方面出台大量政策，例如，所得税优惠、增值税抵免、关税退税以及豁免历史拖欠款等。第三，推进东北与沿边地区互动的政策，这些政策不仅包括推进东北地区与蒙东地区、内蒙地区的合作，还包括推进东北地区面向东北亚区域的开放，在保证腹地市场的前提下，进一步扩展外部市场，从而提升东北地区在经济格局中的竞争力（图 2-8）。

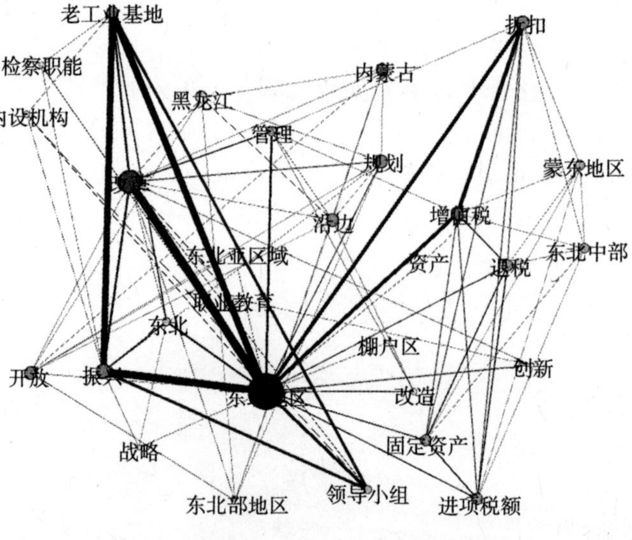

图 2-8　2003—2016 年中央促进东北老工业基地振兴政策-区域网络关系图

从图 2-8 可以看出，区域政策的三种方式以直接针对东北地区的政策数量最多（节点最大），多是围绕东北地区的振兴与老工业基地改造的联合政策，以改革、振兴为重点，突出了政府对东北地区发展的重点支持。其次，以增值税为主包括多个税种，多与抵扣、退税联系在一起的税收政策，以减少税收和退税补偿来鼓励东北老工业基地的改革和发展。第三，加大对东北地区与沿边地区的政策支持力度，如东北地区与东部地区，希望东部发达地区在带动东北老工业基地发展中发挥作用，进一步推进东北老工业基地向东北亚区域的开放，推动东北老工业基地加快开放的步伐，早日实现经济振兴。此外，网络结构中也出现了管理、规划、改造、创新等关键词，可见中央在对东北老工业基地的振兴政策中，还是以发展为主要目的，以改造、规划和创新为手段，以此为政策激励促进东北老工业基地的发展。

总体来看，在中央对东北振兴的政策中，以区域为政策对象形成的政策网络中，以税收等相关财政政策为主，激励东北经济增长。以自身创新、改革、改造等为主要方式，改变东北老工业基地经济增长下行的困境。以向东部地区学习进一步加快改革开放为主要手段，从发展方式上提出可以借鉴的样本，供东北老工业基地振兴作参考。

（2）中央促进东北老工业基地振兴的产业政策。

中央以产业和组织结构为对象发布的政策相对于区域政策来说较少。以产业对象发布的政策主要是以加强对老工业基地的振兴建设、优化发展方式为主，通过中央财政补助和费用补贴等方式降低采购成本，保障东北地区水稻、玉米等农作物的生长以及农业、现代农业发展方式的建设，加强高新技术产业的投资以促进老工业基地的振兴和发展等（图 2-9）。

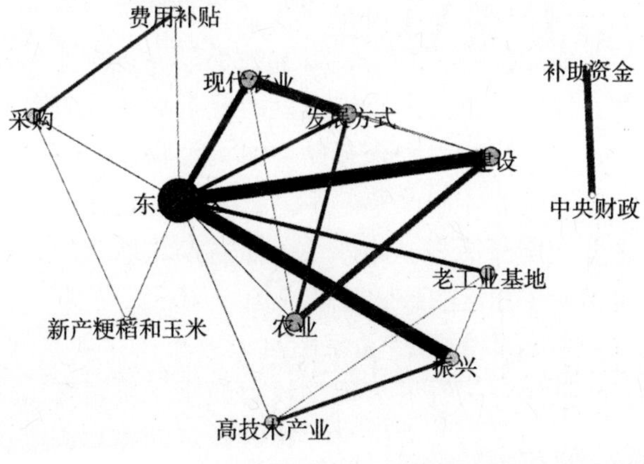

图 2-9　2003—2016 年中央促进东北老工业基地振兴政策-产业网络关系图

从图 2-9 可以看出来，中央对东北地区的相关产业政策中，侧重东北老工业基地的振兴和现代农业的发展，体现出东北地区农业基础雄厚的特点，同时也说明中央希望借助政策的激励可以继续发展东北地区的现代化“粮仓”的优势，从农业上走出一条适合东北的创新之路。其次，政府不仅重视东北地区发展农业优势产业，而且明显地可以看出政府对高新技术产业的重点支持，希望东北地区在农业优势之外，可以将创新、高新技术产品作为发展的突破口，多角度、全方位的利用各种资源、政策优势，实现自身的经济发展。此外，政府还大力推出财政和税收政策，由中央财政直接实行资金补助，其他振兴政策网络中也有与采购相关的费用补贴等方式，保障东北地区水稻、玉米等作物的生长和采购。可见中央对东北地区产业发展的相关政策中补助意图非常明显。

总的来看，产业政策方面政府主要通过财政补贴、补助等方式保证农作物生长和现代农业，以及高新技术产业的发展，希望在中央政策支持下，东北地区可以利用好优势政策资源，不断引进和培育高新技术产业，实现东北老工业基地的振兴。然而，产业政策不仅在于财政补贴，还在于政策的引导。国家长期以来对东北的扶持，也进一步强化了东北地区作为国家的粮仓、原材料基地和装备基地的地位。东北振兴的实质是实现自我供血机能，适应市场经济发展，需要在第一、二、三产业发展中深入供给侧结构性改革，而不是只承担国家的部分功能。

（3）中央促进东北老工业基地振兴的组织政策。

中央政府以组织机构为对象出台的政策主要是围绕企业，尤其是高新技术企业和有带头作用的中央企业，以各种手段促进企业的发展，如税收政策、财政政策、体制改革等。比较明显的就是财政政策和税收政策方面的支持，政府通过税收优惠、资金补助、加大税收抵扣等手段促进企业的发展。此外，从国有企业体制改革入手，扩大国有企业混合所有制改革试点，激发国有企业的创新活力。此外，在加强东北地区高新技术企业的发展方面，政府也出台了相应的鼓励政策（图 2–10）。

从东北地区组织政策的网络关系图可以看出，高新技术产品、军品、增值税、所得税、抵扣等关键词出现得较为频繁。从频繁出现的相关财政政策中，中央对东北地区的企业还是以税收政策的支持为主，以减免、抵扣相关所得税、增值税为主要手段，以促进军品、高新技术产品发展为目的，提高东北地区相关企业发展的竞争力。同样，从补助资金和厂办大集体以及试点的联系可以看出，中央财政仍然对东北地区实行直接补助，对厂办大集体实行试点的补助政策，希望通过对东北地区较多的厂办大集体实行直接财政补助，带动东北老工业基地的经济发展和改革。而针对东北地区较多的中央企业，则多侧重调整改造支持，转型是目前东北地区中央

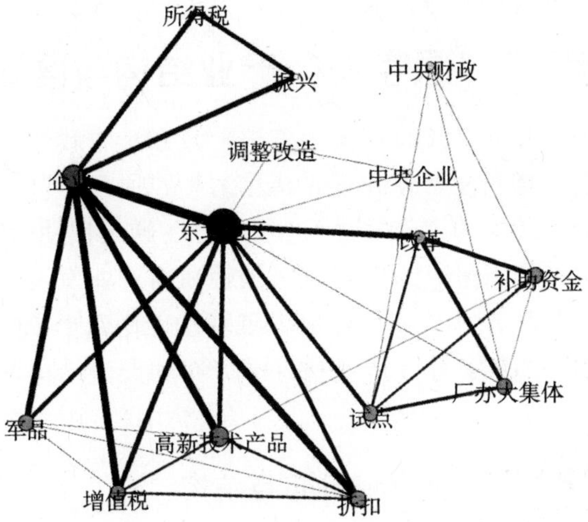

图 2-10　2003—2016 年中央促进东北老工业基地振兴政策-组织网络关系图

企业所面临的当务之急，而中央针对这一现实情况提出调整改造的目的很明显，就是促进东北地区大型中央企业开展适应市场经济的改革，使国有企业在东北振兴中起到带头作用。

从政府产业管理的定位来看，自 2003 年东北老工业基地振兴战略以来，中央对东北振兴政策主要涉及区域、产业、组织等方面，其中很大一部分体现在整体区域层面上，针对具体产业、组织结构的政策力度相对不足。区域政策尤其以改革、战略、规划为主，目前东北老工业基地振兴最主要的政策体现在体制机制创新、产业结构优化升级、加大对外开放与周边合作等宏观调整手段。然而，东北地区在实施宏观层面的区域政策中，还需要加大对产业、组织等具体对象的相关支持政策。从财政政策的支持来看，注重直接补贴等资金资助；在产业政策引导方面，对特色农业和经济作物的结构占比调整、原料基地的深加工方面有待完善。综上所述，新常态下，既有政府对产业管理的职能、权限和定位的优化模式没有形成，阻碍了东北地区经济增长的体制机制形成，政府与市场的关系有待进一步明晰。政府需要在东北地区经济增长中起到“摆渡人”的作用，在完善自身职能、权限和定位的过程中，优化体制机制，做到“有所为，有所不为”，引导东北地区的产业结构向创新驱动型经济增长模式发展。

2.4 “老字号”“原字号”产业结构与区域分布研究

东北地区经济增长主要依赖于“老字号”“原字号”产业的发展。然而，经济新常态下传统的“老字号”“原字号”缺乏良性的自我运行机制，导致东北经济的持续下滑。与发达地区依赖高新产业发展的情况形成鲜明对比，以“新字号”产业为主的经济发展新动能尚未形成。本节将从东北地区的“原字号”“老字号”产业在区域分布和产业结构两个层面展开说明。

2.4.1 “老字号”产业区域分布与结构

“老字号”产业是指石油化工、能源、装备制造以及食品等传统产业。一方面“老字号”产业较多依赖于自然资源条件；另一方面我国“老字号”产业的形成源于特殊的历史时期。东北地区“老字号”产业在新中国成立初期为我国工业化发展起到重要作用，然而，当前的市场环境使得东北地区的“老字号”产业发展面临困难。那么，我国“老字号”产业分布情况如何？新常态下“老字号”产业如何才能走出困境？

基于此，本书以老工业基地城市为研究对象，分析“老字号”产业区域分布特征。参考王青云（2009）对于老工业基地城市的定义及分类标准，基于以下几方面。

① 城市市区全部工业企业固定资产原值 5 亿元以上；

② 城市市区全部工业总产值 5 亿元以上；

③ 城市市区重工业比重 40%以上；

④ 城市市区全民所有制工业企业职工人数 5 万人以上；

⑤ 城市市区全民所有制工业企业职工占全部全民所有制工人数比重 40%以上；

⑥ 城市市区非农业人口 20 万人以上。

以上形成了“老字号”产业的空间分布。我国“老字号”产业城市分布如表 2-1 所示。

表 2-1　　我国“老字号”产业城市分布

省份	城市数量	城市名	省份	城市数量	城市名
辽宁	12	沈阳、大连、鞍山、本溪、抚顺、阜新、葫芦岛、锦州、辽阳、盘锦、瓦房店、铁岭	山东	4	淄博、济南、枣庄、东营
黑龙江	9	哈尔滨、齐齐哈尔、大庆、鸡西、牡丹江、伊春、双鸭山、鹤岗、佳木斯	甘肃	4	兰州、天水、白银、嘉峪关
安徽	7	合肥、淮北、淮南、马鞍山、安庆、芜湖、蚌埠	内蒙古	3	包头、赤峰、乌海
河南	7	郑州、洛阳、平顶山、焦作、新乡、安阳、开封	贵州	3	贵阳、六盘水、遵义
河北	6	唐山、邯郸、承德、邢台、张家口、保定	云南	3	昆明、个旧、东川
湖北	6	武汉、黄石、十堰、襄樊、宜昌、荆州	广西	2	桂林、柳州
湖南	6	长沙、株洲、湘潭、衡阳、岳阳、邵阳	新疆	2	乌鲁木齐、克拉玛依
四川	6	成都、攀枝花、乐山、泸州、自贡、德阳	青海	1	西宁
吉林	5	长春、吉林、白山、辽源、通化	天津	1	天津
江西	5	南昌、景德镇、萍乡、九江、新余	上海	1	上海
陕西	5	西安、宝鸡、咸阳、铜川、汉中	宁夏	1	石嘴山
山西	4	太原、大同、阳泉、长治	重庆	1	重庆
江苏	4	南京、徐州、镇江、常州	广东	1	韶关

从表 2-1 中可以看出，东北地区仍然是“老字号”产业分布的重点地区，在全部 109 个老工业基地城市中，辽宁拥有“老字号”产业城市 12 个，黑龙江 9 个，吉林 5 个，占全部老工业城市总数的 23. 8%，说明东北地区“老字号”产业比重较大，使得“老字号”产业结构的调整成为东北

振兴的关键。

“老字号”产业分布的城市主要表现为：单一结构城市，包括产业结构、就业结构、所有制结构、城市结构等方面。以沈阳市为例，沈阳是全国重要的装备制造业基地，其经济主要依赖于装备制造业，第二产业对GDP增加值的贡献度很高，导致沈阳市的产业结构单一。受传统体制影响，国有经济比重过大，集体经济特别是其他非公有制经济所占比重过小，形成单一的所有制结构。所有制结构的刚性特征，使国有经济占用了大量的社会资源，影响了民营经济的发展，致使改革开放以来老工业基地的产业结构重化工特征显著，进一步加剧了东北地区的结构失衡。

从东北三省各自的“老字号”产业分布来看（表2-2），黑龙江省“老字号”产业主要集中在：以农副食品加工业，食品制造业，酒、饮料和精制茶制造业为代表的食品工业；以石油和天然气开采业，石油加工、炼焦和核燃料加工业，化学原料和化学产品制造业为代表的石化工业；以煤炭开采和洗选业，电力、热力生产和供应业为代表的能源电力业；以非金属矿物制品业，木材加工和木、竹、藤、棕、草制品业为代表的原材料加工业；以通用设备制造业，专用设备制造业，电气机械和器材制造业为代表的装备制造业。其中，石化和化学工业集群、食品工业集群一直是黑龙江省最大的两个产业集群。依托大庆油田，黑龙江省在石化工业发展迅猛，产业链完备，已成为经济发展的中流砥柱。借助丰富的耕地资源和农业基础，食品工业集群同石化集群一样，发展规模庞大，总规模占工业总产值20%以上，是黑龙江省绝对的支柱性行业，对黑龙江省经济发展至关重要。依靠黑龙江省内丰富的煤炭资源，煤炭行业和电力行业所组成的能源电力集群占工业总产值10%以上，成为黑龙江省的支柱产业。材料加工集群和装备制造集群分别占工业总规模7%左右，属于黑龙江省重点产业集群。

吉林省“老字号”产业主要集中在：以汽车制造业，铁路、船舶、航空航天和其他运输设备制造业为代表的交通运输设备制造业；以农副食品加工业，酒、饮料和精制茶制造业为代表的食品工业；以化学原料和化学制品制造业，医药制造业为代表的化工和医药业；以非金属矿物制品业，木材加工和木、竹、藤、棕、草制品业为代表的材料加工业；以电力、热力生产和供应业为代表的能源电力业；以黑色金属冶炼和压延加工业为代表的冶金工业；以专用设备制造业，通用设备制造业，电气机械和器材制造业为代表的装备制造业；以化学纤维制造业为代表的纺织工业。作为新中国第一辆汽车的诞生地，吉林省在汽车制造业方面拥有雄厚的产业基础，加上近年来高铁工业的发展，铁路运输设备制造业迅速崛起，形成了吉林省的交通运输设备制造集群，总规模占吉林省工业总量的28%左右，是吉林省最重要的工业力量，也是未来产业升级调整的重点对象。食品工业集群是吉林省第二大工业集群，产值占工业总产值的15%以上，是吉林省高度依赖的工业主导产业。化工业和医药业也是吉林省的老牌支柱工业部门，规模占总量的6%以上。依托丰富的矿产和林业资源，材料加工业集群规模占工业总规模的10%左右。由于加工方式比较低端，属于产业调整的重点部门。能源电力，冶金和装备制造集群规模分别占工业总量的3%和5%，都属于吉林省起步较早的行业，但也都存在动力不足的问题。化学纤维制造与纺织业联系紧密，近年来市场前景良好，也是吉林省的特色产业，拥有较好的发展空间。

辽宁省“老字号”产业主要集中在：以黑色金属矿采选业，黑色金属冶炼和压延加工业，有色金属冶炼和压延加工业为代表的冶金工业；以石油加工、炼焦和核燃料加工业，化学原料和化学制品制造业为代表的石化工业；以农副食品加工业为代表的食品工业；以非金属矿物制品业，橡胶和塑料制品业为代表的材料加工业；以汽车制造业，铁路、船舶、航空航天和其他运输设备制造业，专用设备制造业，通用设备制造业，电气机械和器材制造业为代表的装备制造业；以电力、热力生产和供应业为代表的能源电力业。其中，装备制造业是辽宁工业的第一大支柱集群，包括交通运输设备、通用设备、专业设备、电气机械和器材在内的联合产值可以达到工业总量的25%，凸显了辽宁装备制造大省的优势地位；冶金工业集群以辽宁省金属矿产资源和几个大型冶金企业为基础，规模超过工业总量的15%，是辽宁工业的主导部门，对辽宁省的经济转型升级非常重要。此外，石油加工和化学工业集群的规模同样达到总产值的15%左右，但也面临产业链急需拓宽和深化的问题。以非金属矿物制品和橡胶塑料制品为主的材料工业集群规模达到辽宁省工业总量的10%左右，是产业结构调整中需要重视的部门。农副产品加工业是长期以来辽宁省的主要工业部门，也是少有的规模较大的轻工业部门，发展潜力有待进一步挖掘。能源电力业近年来虽然具有一定的规模，但已经开始向新能源方向逐渐调整。

表 2-2　　　　东北三省“老字号”产业分布

省份	“老字号”产业集群	“老字号”产业
黑龙江	食品工业集群	农副食品加工业，食品制造业，酒、饮料和精制茶制造业
	石化和化学工业集群	石油和天然气开采业，石油加工、炼焦和核燃料加工业，化学原料和化学制品制造业
	能源电力业集群	煤炭开采和洗选业，电力、热力生产和供应业
	材料加工业集群	非金属矿物制品业，木材加工和木、竹、藤、棕、草制品业
	装备制造业集群	通用设备制造业，专用设备制造业，电气机械和器材制造业
吉林	装备制造业集群	汽车制造业，铁路、船舶、航空航天和其他运输设备制造业，专用设备制造业，通用设备制造业，电气机械和器材制造业
	食品工业集群	农副食品加工业，酒、饮料和精制茶制造业
	化工和医药业集群	化学原料和化学制品制造业，医药制造业
	材料加工业集群	非金属矿物制品业，木材加工和木、竹、藤、棕、草制品业
	能源电力业集群	电力、热力生产和供应业
	冶金工业集群	黑色金属冶炼和压延加工业
	纺织工业	化学纤维制造业
辽宁	冶金工业集群	黑色金属矿采选业，黑色金属冶炼和压延加工业，有色金属冶炼和压延加工业
	石化和化学工业集群	石油加工、炼焦和核燃料加工业，化学原料和化学制品制造业
	食品工业集群	农副食品加工业
	材料加工业集群	非金属矿物制品业，橡胶和塑料制品业
	装备制造业集群	汽车制造业，铁路、船舶、航空航天和其他运输设备制造业，专用设备制造业，通用设备制造业，电气机械和器材制造业
	能源电力业集群	电力、热力生产和供应业

2.4.2 “原字号”产业区域分布与结构

“原字号”是指依赖自然资源形成的产业，如煤炭、石油、化工、钢铁、建材、有色金属等。基于《全国资源型城市可持续发展规划（2013—2020 年）》，以资源型城市作为“原字号”城市的代表，目前我国资源型地级行政区共 126 个，包含煤炭城市、有色冶金城市、黑色冶金城市、石油城市、森工城市等城市类型。其中，黑龙江省 9 个，吉林省和辽宁省各 6 个，东北三省合计 21 个，约占全国总数的 1/6。东北地区以煤城居多，例如鸡西、鹤岗、辽源、阜新等。东北地区“原字号”城市，较多依资源建市，以资源丰富而闻名，但同时也面临资源枯竭的问题，导致产业下滑明显。资源的不可持续性，使得以“原字号”产业形成的资源型城市面临环境和资源的双重压力，产业结构单一，粗放式生产，导致资源型城市面临转型压力（表 2-3）。

表 2-3　　2013 年我国资源型城市数量及分布（地级市）

省(区)	城市数量	城市名	省(区)	城市数量	城市名
河北	5	张家口市、承德市、唐山市、邢台市、邯郸市	湖南	4	衡阳市、郴州市、邵阳市、娄底市
山西	10	大同市、朔州市、阳泉市、长治市、晋城市、忻州市、晋中市、临汾市、运城市、吕梁市	广东	2	韶关市、云浮市
内蒙古	5	包头市、乌海市、赤峰市、呼伦贝尔市、鄂尔多斯市	广西	3	百色市、河池市、贺州市
辽宁	6	阜新市、抚顺市、本溪市、鞍山市、盘锦市、葫芦岛市	海南	—	
吉林	6	松原市、吉林市、辽源市、通化市、白山市、延边朝鲜族自治州	重庆	—	
黑龙江	9	黑河市、大庆市、伊春市、鹤岗市、双鸭山市、七台河市、鸡西市、牡丹江市、大兴安岭地区	四川	10	广元市、南充市、广安市、自贡市、泸州市、攀枝花市、达州市、雅安市、阿坝藏族羌族自治州、凉山彝族自治州

续表 2-3

省(区)	城市数量	城市名	省(区)	城市数量	城市名
江苏	2	徐州市、宿迁市	贵州	5	六盘水市、安顺市、毕节市、黔南布依族苗族自治州、黔西南布依族苗族自治州
浙江	1	湖州市	云南	7	曲靖市、保山市、昭通市、丽江市*、普洱市、临沧市、楚雄彝族自治州
安徽	9	宿州市、淮北市、亳州市、淮南市、滁州市、马鞍山市、铜陵市、池州市、宣城市	西藏	—	
福建	3	南平市、三明市、龙岩市	陕西	6	延安市、铜川市、渭南市、咸阳市、宝鸡市、榆林市
江西	5	景德镇市、新余市、萍乡市、赣州市、宜春市	甘肃	7	金昌市、白银市、武威市、张掖市、庆阳市、平凉市、陇南市
山东	7	东营市、淄博市、临沂市、枣庄市、济宁市、泰安市、莱芜市	青海	1	海西蒙古族藏族自治州
河南	7	三门峡市、洛阳市、焦作市、鹤壁市、濮阳市、平顶山市、南阳市	宁夏	1	石嘴山市
湖北	2	鄂州市、黄石市	新疆	3	克拉玛依市、巴音郭楞蒙古自治州、阿勒泰地区

注释：我国资源型城市数量及分布摘自《全国资源型城市可持续发展规划（2013—2020年）》。

表 2-4 显示了黑龙江省、吉林省和辽宁省“原字号”产业的分布。可以看出，东三省“原字号”产业同构化明显，其中农副食品加工业，非金属矿物制品业，木材加工和木、竹、藤、棕、草制品业在三个省份都列为重点发展的产业。此外，黑龙江省主要的“原字号”产业还包括石油和天然气开采业，石油加工、炼焦和核燃料加工业，煤炭开采和洗选业。吉林省主要“原字号”产业相对较少，其中黑色金属冶炼和压延加工业规模占

工业总量的 3%。辽宁省“原字号”产业较多，包括黑色金属矿采选业、黑色金属冶炼和压延加工业、有色金属冶炼和压延加工业、石油加工、炼焦和核燃料加工业。从产业结构看，“原字号”产业在东北地区工业所占份额仍然较大，黑龙江省 6 个主要“原字号”产业规模占工业总产值的 55%左右；吉林省 4 个主要的“原字号”产业占 28%左右；而辽宁省 7 个主要“原字号”产业占 42%左右。“原字号”产业不仅规模占比较高，而且布局较为集中，在东北地区形成较多的单一结构性城市。“原字号”产业成为这些城市的唯一支柱产业，导致一个产业的发展决定着一个城市的经济水平。黑龙江省七台河的煤炭采掘业占工业比重的 80%，电力工业占工业比重的 13%。单一的产业结构导致了单一的就业结构，以及过于僵化的国有企业体制，进一步加剧了城市产业结构调整的难度。此外，由于资源型城市多依赖于能源、原材料资源，“原字号”产业多处于产业链上游位置，产品科技含量低、附加值低。因此，“原字号”产业如何升级调整，使之适合新常态下经济发展的需要，将成为东北地区产业结构调整的重要内容。

表 2-4　　东北三省“原字号”产业分布

省份	“原字号”产业	依托资源
黑龙江	农副食品加工业	农副产品资源
	石油和天然气开采业	石油资源
	石油加工、炼焦和核燃料加工业	石油资源
	非金属矿物制品业	非金属矿物资源
	木材加工和木、竹、藤、棕、草制品业	林木资源
	煤炭开采和洗选业	煤炭资源
吉林	农副食品加工业	农副产品资源
	非金属矿物制品业	非金属矿物资源
	黑色金属冶炼和压延加工业	黑色金属矿物资源
	木材加工和木、竹、藤、棕、草制品业	林木资源

续表 2-4

省份	“原字号”产业	依托资源
辽宁	黑色金属矿采选业	黑色金属矿物资源
	黑色金属冶炼和压延加工业	黑色金属矿物资源
	农副食品加工业	农副产品资源
	石油加工、炼焦和核燃料加工业	石油资源
	非金属矿物制品业	非金属矿物资源
	有色金属冶炼和压延加工业	有色金属矿物资源
	木材加工和木、竹、藤、棕、草制品业	林木资源

2.5 本章小结

东北地区是我国重要的老工业基地，其产业结构调整具有一定的普遍性和特殊性，尤其表现在东北地区较多的“老字号”“原字号”产业，使得东北地区的产业结构调整不仅需要注重产业结构升级的一般规律，还需要注意东北地区产业结构的特殊性。当前，东北地区的产业结构调整需实现经济由要素驱动向创新驱动模式转变，注重政府在技术创新中的引导作用，形成体制机制创新，实现东北经济的内生增长。

第 3 章　东北地区经济发展现状研究

东北地区作为重要的老工业基地，其稳定发展关乎我国经济改革的成败，东北经济再振兴对于推动我国新常态下的经济转型具有重要意义。但近年来东北经济增长乏力，“断崖式”下滑举国震惊。东北三省 2014 年 GDP 增速在中国 31 个省市排名中皆列倒数五位之内。2016 年，辽宁省实现 GDP 总量 22037.88 亿元，增速-2.5%，排名全国倒数第一；吉林省实现 GDP 总量 14886.23 亿元，增速 6.9%，排名倒数第七；黑龙江省实现 GDP 总量 15386.09 亿元，增速 6.1%，排名倒数第三。整个东北地区的经济发展形势令人堪忧。

新常态下，长期依靠要素驱动的经济增长方式难以为继，资源和环境的巨大压力，迫切要求东北地区深化供给侧结构性改革，实现创新驱动，保证经济增长的质量和效率。虽然当前东北经济发展遭遇突出障碍，但东北地区仍然保有大量的特色资源和较为完整的工业体系，这些都为地区经济转型和产业结构调整提供了充分基础。本章将系统梳理东北地区的经济发展现状，着重分析东北地区经济增长的优势和劣势，为后续东北经济转型及产业结构调整提供重要参考依据。

3.1 规模与效益

3.1.1 东北地区工业发展现状

东北地区是我国重要的老工业基地，凭借雄厚的工业基础和丰富的矿产资源，一度承担了中国90%的重工业生产任务。然而，计划经济在成就东北地区昔日辉煌的同时，也遗留下了沉重的历史包袱，如产业结构过重；经济增长过度依赖投资；营商环境不完善与市场竞争不充分；地区吸引力下降与人口大量外流等。这些都导致了东北经济出现严重下滑，自2014年，东北地区在企业效益、政府财政收入、民间资本投资等方面表现出后劲缺乏、竞争力不足的态势。

从东北地区工业增加值的变化趋势（图3-1），以及工业增加值增速的变化趋势（图3-2）来看，尽管东三省工业增加值总体上呈现逐年上升趋势，但2011年后增速明显放缓，并在2014年之后开始下降。作为传统的老工业基地，东北地区工业增加值增速的下降表明当前东北经济既有的发展模式已经不能为其经济增长提供有效的驱动力，长此以往必然导致东北地区经济增长进一步衰退。若要实现东北地区经济的可持续增长，迫切需要加快产业结构的调整步伐，构建新的体制机制环境，培育以创新为核心的经济发展新动力，形成东北地区创新驱动的经济发展模式。

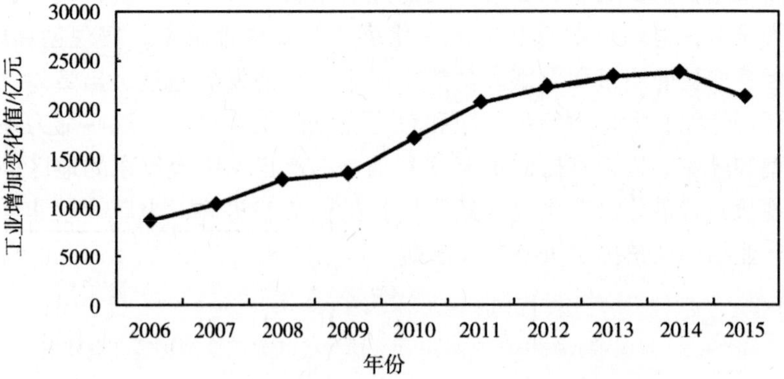

图3-1　2006—2015年东北地区工业增加值变化趋势

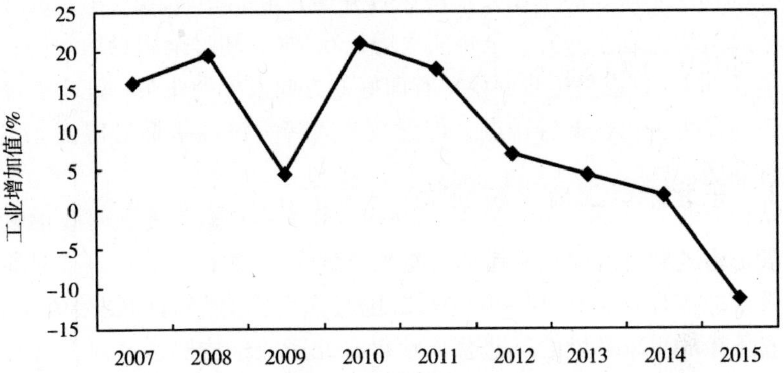

图 3-2　2007—2015 年东北地区工业增加值增速变化趋势

为进一步探究东北三省工业发展的个体特征，图 3-3 显示了辽宁、吉林、黑龙江工业增加值的变化情况。可以看出，辽宁、吉林和黑龙江三省工业增加值都呈现先升后降态势。尽管辽宁省工业增加值绝对水平较高，2014 年之前增速较快，但 2014 年后，辽宁省的工业增加值出现了大幅下跌；吉林省的工业增加值虽然在稳定增长，但在 2014 年也出现较低幅度的下滑；黑龙江省的工业增加值则是从 2012 年开始首先下行，在 2012 年之后成为东北三省工业增加值最低的地区。

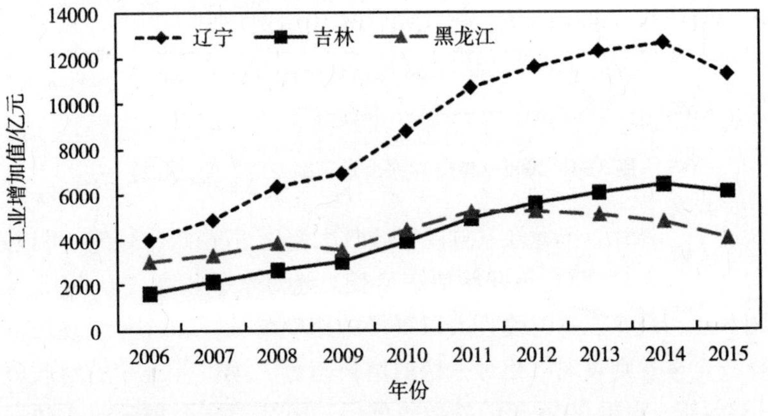

图 3-3　2006—2015 年辽宁、吉林、黑龙江三省工业增加值变化情况

2016 年是东北振兴爬坡过坎、滚石上山的关键阶段。面对经济下行的严峻形势，东北三省深入推进供给侧结构性改革，围绕破解深层次体制机制性、结构性矛盾开展工作，经济运行开始筑底企稳。2016 年，吉林省地区生产总值增速逐季回升，全年同比增长 6.9%，超过全国平均水平；黑龙江省增长 6.1%，也呈逐步回稳并有向好的方向发展的兆头；辽宁省经济在巨大下行压力下仍在低谷徘徊，但财政收入等关键性指标已扭负为正，开始先行回暖。

从财政收入（图 3-4）来看，2006—2011 年是东北地区财政增收的重要时期。但此种财政收入的增加可能来自 2003 年实行东北振兴战略的投资拉动效应的滞后结果。2011 年之后，随着东北振兴战略的刺激效应减退，新常态下市场需求环境的迅速恶化使得东北产业结构弊端突显，既有的投资拉动政策无法再为经济增长提供动力，也直接导致财政收入增速变缓。2014 年，东北三省经济增长的大幅度下滑也直接导致了东北地区财政收入的下降。

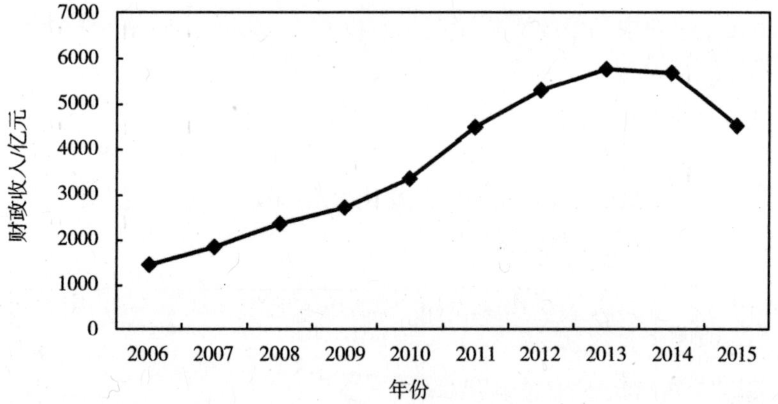

图 3-4　2006—2015 年东北地区财政收入变化趋势

从辽宁、吉林、黑龙江三省的财政收入变化情况（图 3-5）可以看出，辽宁省财政收入自 2006 年开始快速增长，绝对水平较高，但 2013 年后出现急剧下滑；黑龙江省财政收入以缓慢的速度增长，2014 年呈现较低幅度的下降；吉林省则表现出相对平稳的增长态势。2015 年辽宁省财政收入增速为-33.4%，由于 2015 年的基数较低，2016 年辽宁省财政收入数据开始回升（增速 3.38%）；同时，吉林省 2016 年公共财政收入增长 2.8%，比 2015 年提高了 0.6 个百分点；黑龙江省财政收入虽仍为负增长，但增速已从 2015 年的-10.4%回升到-1.1%。从财政收入看，东北三省未来经济增长仍有很大的潜力。

综上所述，无论是从东北地区的工业增加值，还是从财政收入来看，东北三省的工业结构性矛盾带来的直接和间接问题已经显现，未来东北经济的筑底回升仍将面临较大的压力，迫切需要深化结构性改革，实现东北地区经济增长模式由要素驱动向创新驱动转变，形成东北地区经济增长的内在新动力。

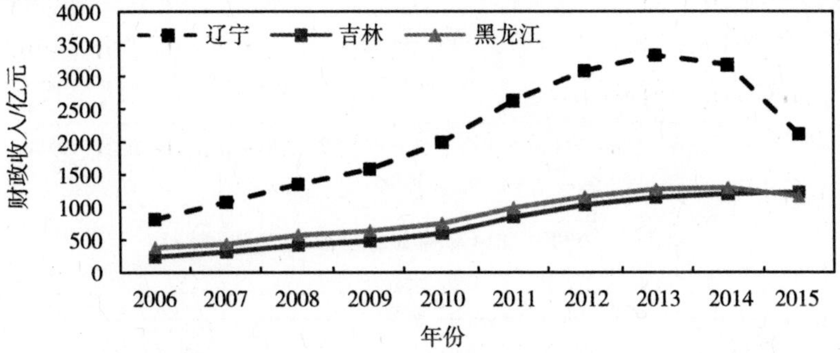

图 3-5 2006—2015 年辽宁、吉林、黑龙江三省财政收入变化趋势

3.1.2 东北地区第二产业现状及内部构成

第二产业是东北地区经济增长的重要支撑和推动力。从东北地区三次产业结构的变化情况看（图 3-6），第二产业对东北地区 GDP 的贡献率常年超过 50%，地区经济增长高度依赖于第二产业。但也能看到，从 2011 年开始，第二产业增加值已出现明显的下降趋势。传统经济增长动力的弱化使得东北经济的发展步履维艰，但也为产业升级调整创造了“倒逼式”改革机遇。

图 3-7 显示了 2014 年东北地区各主要工业行业占比情况。可以看到，农副食品加工业（10.82%），汽车制造业（10.28%），黑色金属冶炼和压延加工业（6.47%），石油、炼焦和核燃料加工业（6.23%），非金属矿物制品业（6.01%），化学原料和化学制品制造业（5.57%），通用设备制造业（5.19%）是产值占比较大的部门，而 20 个主要产业部门中，“新字号”产业极少。这表明东北地区的工业发展仍然主要依赖于传统产业。近年来，外部需求环境的变化，使得“老字号”“原字号”产业发展受阻，而“新字号”产业长期受到传统产业挤压，拉动经济的能力仍然较弱，最终导致

地区整体经济增长缓慢。因此，“老字号”“原字号”产业的升级改造，“新字号”产业的培育，将成为东北地区经济再振兴的主要路径。

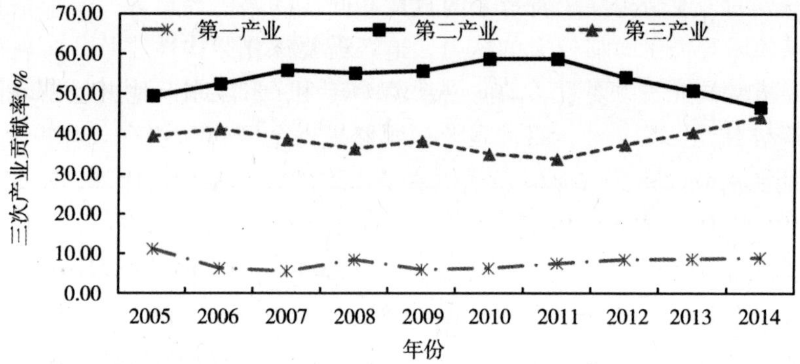

图 3-6　2005—2014 年东北地区三次产业贡献率

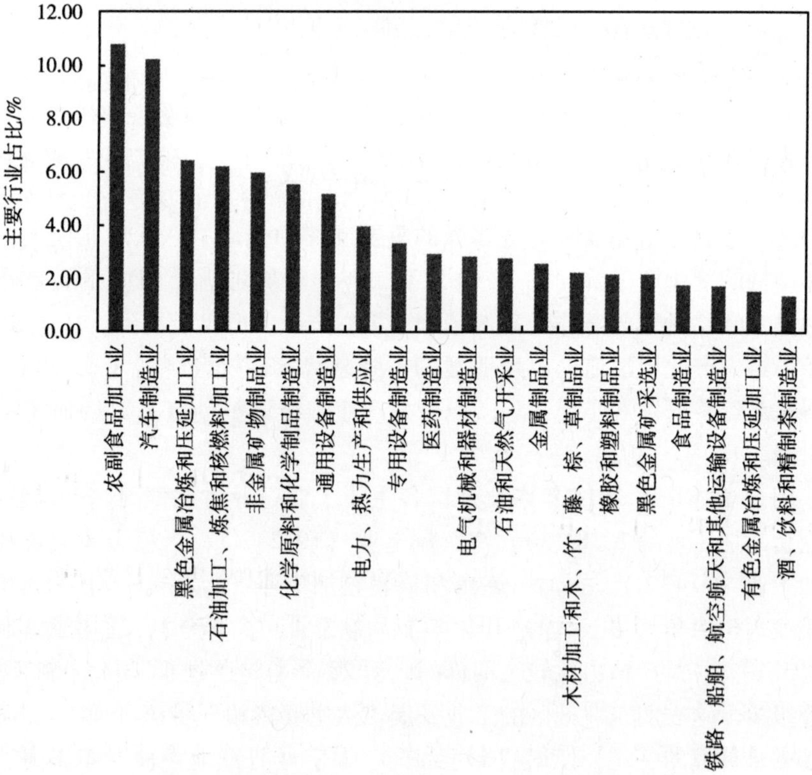

图 3-7　2014 年东北地区各主要工业行业占比情况

3.2　矿产资源

东北地区资源型城市众多，主要以煤炭和石油为主，其中，煤炭资源的保有储量约 723 亿吨，石油资源探明储量占全国 50%左右。这些为东北地区能源工业、化学工业的发展提供了丰富的资源基础。此外，东北地区矿产资源丰富，主要矿种比较齐全。分布在鞍山、本溪一带的铁矿，储量约占全国的 1/4，目前仍是全国最大的探明矿区之一。辽宁省具有优势的矿产主要为菱镁矿，规划基期保有资源储量 25. 6 亿吨，分别占全国和世界的 85. 6%和 25%左右。黑龙江省已发现各类矿产 134 种，占全国已发现各类矿产的 57. 2%。已查明储量的矿产有 87 种（新增菱镁矿），占全国已查明矿产资源种数的 37. 7%。吉林省矿产资源品种较多，有色金属和非金属矿蕴藏量大，能源矿产占有重要地位，黑色金属和化工原料矿产也有一定储量，为吉林省矿石采选和加工业的发展提供了有利条件。

但是，近年来东北地区矿产资源开发出现了诸多问题，如矿产质量普遍下降、特色优势没有充分发挥、矿产品加工深度低、矿产开发缺乏统一规划管理以及矿山生态环境日益恶化等。资源型城市的发展瓶颈对东北经济下滑的影响异常严重，由此引发的经济衰退和社会稳定问题迫切需要通过产业升级调整来解决。

3.3　人力资源

3.3.1　东北地区就业人员情况

东北地区新一轮的振兴需要着力解决的问题之一就是就业问题。由图 3-8 可知，2006—2015 年东北地区的就业人员数量总体呈增长趋势，但从 2013 年开始增量减缓。这在一定程度上反映出近年来东北地区经济发展受困所带来的就业压力问题。从辽宁、吉林、黑龙江三省的就业情况（图 3-9）看，各省都基本呈缓慢增长趋势，辽宁省的就业水平虽然较高，但 2014 年后的就业能力随着经济的负增长开始迅速下降；黑龙江省就业水平在 2013 后也有明显下降；吉林省的就业情况则保持相对缓慢增长的态势。

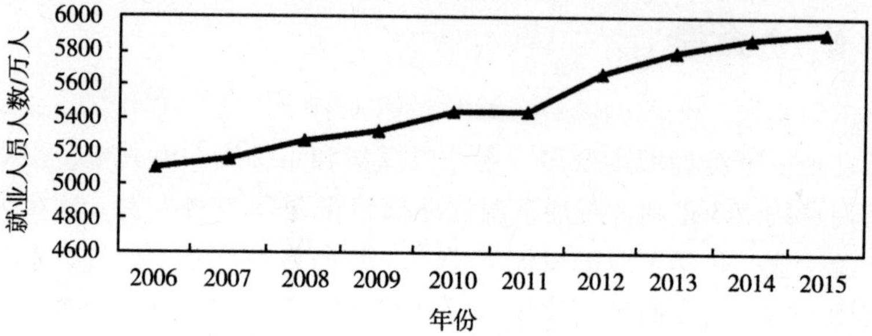

图 3-8　2006—2015 年东北地区就业人员情况

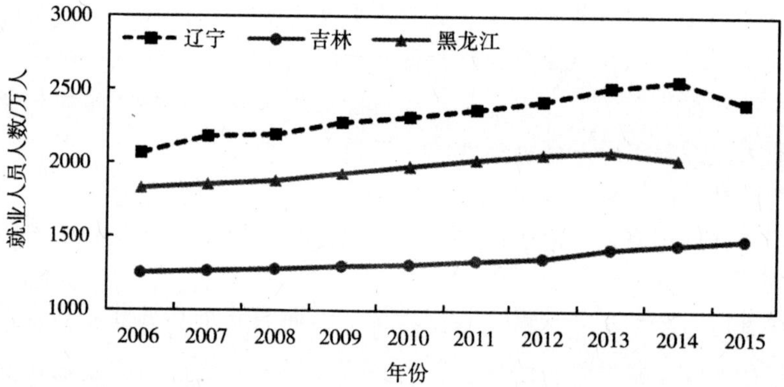

图 3-9　2006—2015 年辽宁、吉林、黑龙江三省就业人员情况

总体看来，东北地区就业情况并不乐观。改善东北地区当前的就业状况，必须找到造成其就业困境的根本原因。长期以来东北三省以重工业和原材料工业为主的单一产业结构模式使得地区经济增长动力更容易受到原材料资源枯竭和外部需求环境萎缩的不利影响。由此引发的经济发展失速将直接造成主要产业部门无法继续吸纳就业，最终造成严重的就业停滞甚至萎缩。因此，解决东北地区的就业问题迫切需要从根本上改革当前单一的产业结构。同时辅以明确的人力资源开发及管理计划，完善人力资源市场机制与就业服务体系等就业环境保障措施，有效聚合人力资源，改善当前就业形势。

3.3.2　东北地区人口年龄构成

根据 2010 年人口普查数据，辽宁省人口中：14 岁以下人口占 11.42%；15~59 岁人口占 73.15%；60 岁及以上人口占 15.43%。吉林省人口中：14 岁以下人口占 11.99%；15~59 岁人口占 74.8%；60 岁以上人口占 13.21%。黑龙江省人口中：14 岁以下人口占 11.94%；15~59 岁人口占 75.03%；60 岁及以上人口占 13.03%。与全国这三个年龄段人口占比（16.61∶70.07∶13.32）相比较，东北地区中青年人口比例较高，为满足东北地区人力资源的需求提供了较好条件。但 14 岁以下人口比重显著低于全国平均水平，说明未来劳动力供给可能会出现不足的情况。而且辽宁省的人口老龄化趋势也比较严重，这些将对未来劳动力有效供给产生一定的不利影响。

3.3.3　东北地区教育水平

东北地区各行业的发展一定程度上依赖于从业人员的基本素质，从业人员素质越高，表明该地区具有技术优势，越容易实现由要素驱动向创新驱动的转变。

图 3-10 显示了东北地区 2005—2014 年教育水平的变化趋势。教育发展水平由各类学校在校生占总人口比重度量。可以看出，自 2007 年开始，东北地区的教育水平开始逐渐下滑。与此同时，东北地区高等教育机构发展缓慢，2010 年辽宁省普通高校有 112 所，吉林省普通高校有 56 所，黑龙江省普通高校有 79 所；2014 年辽宁省普通高校有 116 所，吉林省普通高校有 58 所，黑龙江普通高校有 80 所，各省高校数量并无明显增长。虽然从 2010 年人口普查数据来看，辽宁省、吉林省和黑龙江省大专以上人口占比分别达到 11.96%、9.89%和 9.07%，均高于 8.93%的全国平均水平，但也要看到，由于近年经济环境不景气，东北三省人口外流问题已经显现，特别是高水平技术人才的短缺对产业结构调整优化工作提出了一定的挑战。此外，从 2010 年的教育支出来看，东北三省中教育支出占总支出比重最高的是吉林省，为 14.0%，但仍低于全国同期水平（16.01%）。这从一个侧面反映了东北地区的教育发展已经遇到资金投入不足的问题。

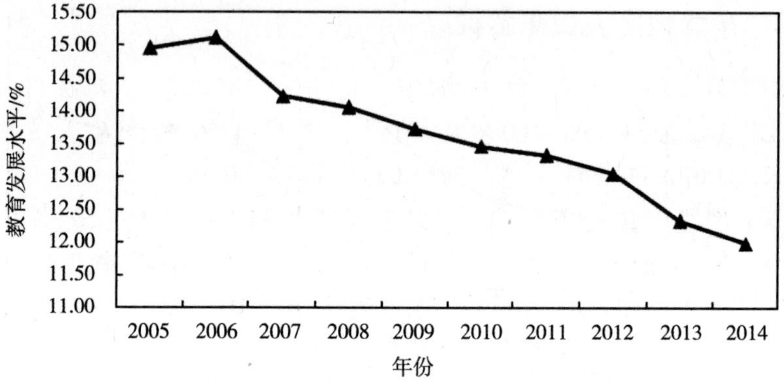

图 3-10　2005—2014 年东北地区教育发展水平情况

3.4　技术资源

实现东北地区的创新驱动，必须依赖雄厚的技术资源。由东北三省专利受理情况（图 3-11）可以看到，吉林省的专利受理数量增长比较稳定，而黑龙江省和辽宁省在 2010 年左右出现一个速度较快的增加，但从 2013 年开始出现回落。2010 年，东北地区申请发明专利 50957 件，其中黑龙江省 10296 件、吉林省 6445 件、辽宁省 34216 件，相比于全国发明专利申请 1222286 件，只占据 4. 17%；2014 年，东北地区申请发明专利 81649 件，其中黑龙江省 31856 件、吉林省 11933 件、辽宁省 37860 件，相比于全国发明专利申请 2361243 件，只占据了 3. 46%，占比逐渐缩小，说明东北地区创新情况不容乐观。

此外，从东北三省的研究经费内部支出变化情况看（图 3-12），吉林省始终呈稳步增长趋势，黑龙江省自 2012 年后小幅下降。虽然辽宁省研发经费的绝对投入比较多，但是从 2013 年之后开始大幅下降。三个省份由于近年经济发展受阻，导致研发经费投入的总体水平受到负面冲击，科技创新活力明显不足。

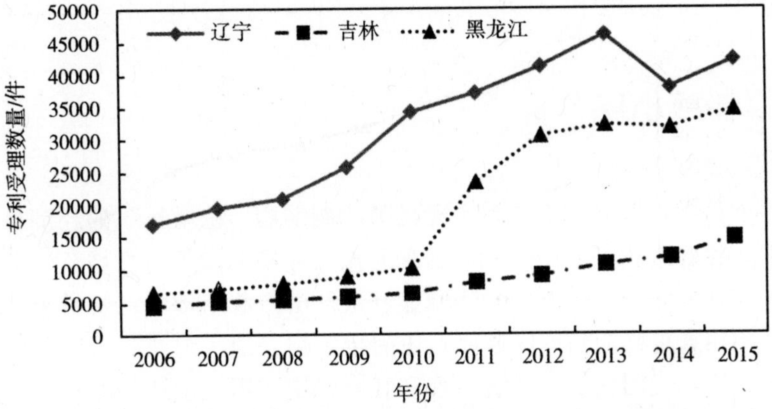

图 3-11　2006—2015 年辽宁、吉林、黑龙江三省专利受理情况

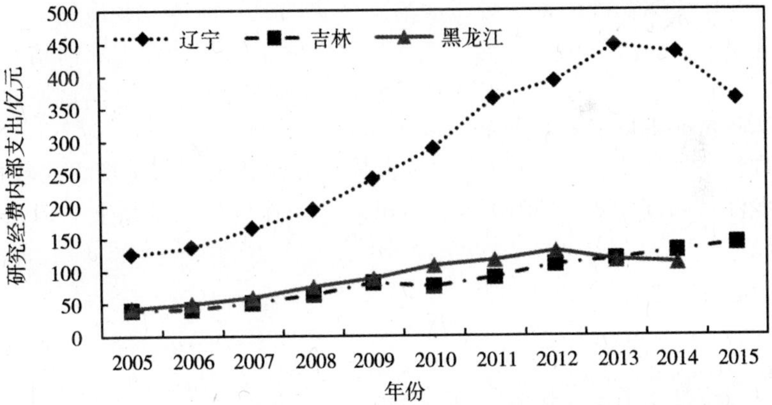

图 3-12　2005—2015 年辽宁、吉林、黑龙江三省研究经费内部支出情况

2010 年，东北地区研发经费投入仅为全国的 6.67%，而研发人员投入为全国的 7.23%；2014 年东北地区研发经费投入仅为全国的 5.21%，研发人员投入为全国的 5.44%。无论是经费，还是人员，相较于全国水平都呈现下降态势。由此看出，当前东北地区的科技创新投入不如以往。另外，东北地区研发人员的投入情况好于经费的投入情况。R & D 经费的投入强度与人员投入错配，一定程度上阻碍了创新效率的提升。再加上技术转化条件与市场化水平等外部创新环境相对薄弱，使得东北地区创新乏力，经济发展仍然依赖于“老字号”“原字号”产业，实现产业升级和新旧动能的转换仍旧面临诸多困难。

3.5 本章小结

东北经济再振兴对于顺利实现我国“调结构、稳增长”的经济目标至关重要。尽管东北经济在前些年的东北振兴战略刺激下有所增长，但近几年增速突然放缓，并且下行趋势明显。这种由产业结构单一所带来的经济困境，不仅严重影响到地区就业，还间接影响着地区财政收入以及创新激励，最终影响我国整体的经济发展和社会稳定。因此，在仍然具备较完整的工业体系和一定资源储备的条件下，如何通过经济增长动力机制的转变提升创新活力，实现东北经济快速筑底回升，如何通过产业升级调整提升生产效率，实现经济再振兴是当前需要解决的重点问题。相应的，在经济动能转变中，如何深化既有的“老字号”“原字号”产业，如何培育具有潜力的“新字号”产业，以及培育哪些“新字号”产业，是实现东北地区产业结构调整的重要内容。

第 4 章　东北地区工业竞争力评价和主导产业选择

东北地区若要实现由要素驱动向创新驱动的发展，产业结构调整工作必不可少。首先需要明确哪些产业具有发展优势，哪些产业可以作为东北地区改革创新的先导产业，即主导产业的选择问题。本章基于辽宁省、吉林省、黑龙江省 2010—2014 年的相关数据，通过比较优势基准、生产率基准、区内产值比重基准对辽宁省、吉林省、黑龙江省各工业行业的竞争力进行评价，确定东北三省各工业行业的发展优势，完成对东北三省主导产业的选择。基于 2010—2014 年东北三省各工业行业的主要指标变化趋势，进一步确定当前东北老工业基地“老字号”“原字号”“新字号”产业特征，发掘东北老工业基地经济增长动力的新源泉。

4.1　竞争力评价指标体系构建

主导产业选择的前提是构建东北地区产业竞争力的评价体系。东北地区要实现由要素驱动向创新驱动转型，不仅需要考虑产业当前的发展规模，同时也要了解各产业的生产效率，以及产业在全国范围内的竞争优势，形成对产业相对优势、绝对规模和生产效率的三维度竞争力评价体系。基于对相对优势、绝对规模和生产效率的同时考量，参考祁杭峰（2010）对主导产业选择评价体系的构建，测算东北三省各工业行业比较优势、区内产值比重和生产效率，其中比较优势基准涵盖各工业行业的比较产值利税率、比较工业成本费用利润率、比较劳动生产率、比较集中率，评价东北三省各工业行业相对于全国平均水平的竞争优势；区内产值比重基准明确东北三省各工业行业的绝对规模优势；生产率基准衡量东北地区各工业行业是否具有生产率优势，从而确定东北地区工业中具有未来发展潜力并且能够对经济增长产生推动作用的行业。综合比较优势、生产率、区内产值比重，找出未来东北地区工业行业中具有一定竞争力，可以大力发展且需要重点支持的行业，以强化东北地区产业结构调整的深度和质量。

4.1.1 比较优势基准

比较优势基准可以反映各工业行业与全国平均水平相比较的相对竞争优势，通过比较集中率系数、比较工业成本费用利润率系数、比较利税率系数、比较劳动生产率系数等指标综合衡量东北地区各工业行业的比较优势排名。

（1）比较集中率系数。

一个地区的主导产业应首先是具有专业化生产优势的产业，利用比较集中率系数可以衡量一个产业的专业化程度。若比较集中率系数大于1，表明该行业在产业规模上具有比较优势。

（2）比较工业成本费用利润率系数。

比较工业成本费用利润率系数反映的是某地区某产业成本控制程度的高低，其值越大，产业成本控制程度越好。一般而言，需要选择比较工业成本费用利润率系数大于1的产业作为地区的主导产业。

（3）比较劳动生产率系数。

比较劳动生产率系数反映的是某地区某产业单位劳动创造价值的能力，比较劳动生产率越高表明该行业相对全国越具有劳动成本优势。一般而言，需要选择比较劳动生产率系数大于1的产业作为地区主导产业备选。

（4）比较产值利税率系数。

比较产值利税率系数衡量的是一个产业能够实现利税的相对能力。若比较产值利税率系数大于1，表明其具有相对利税优势，可以作为主导产业发展。

（5）比较优势系数。

比较优势系数为比较集中率系数、比较工业成本费用利润率系数、比较利税率系数、比较劳动生产率系数的乘积。对于比较优势基准下的主导产业选择，需要重视比较优势系数大于 1 的产业。

4.1.2　生产率基准

生产率反映了一个产业的产出对投入要素的比率。生产率越高，表明该行业越具有生产优势。主导产业必须是生产率较高的产业。本研究使用 DEA 方法测算生产率。

4.1.3　区内产值比重基准

区内产值比重表示的是一个行业对于地区总产值的贡献率，区内产值比重越高，表明该产业对于地区的经济增长拉动作用越明显。作为主导产业，其重要的功能是充当经济系统的主体和核心，有效带动地区经济增长。

4.1.4　综合系数

为综合评价产业的相对优势、绝对规模和生产效率，进一步利用 SPSS 因子分析法，同时考虑各工业行业的比较集中率系数、比较工业成本费用利润率系数、比较劳动生产率系数、比较产值利税率系数、生产率、区内产值比重，通过计算综合系数得出东北三省各工业行业的竞争力排名。

4.2　辽宁省产业竞争力评价

4.2.1　基于比较优势的产业竞争力评价

以 2014 年辽宁省各工业行业为分析样本，分别计算比较集中率系数、比较工业成本费用利润率系数、比较产值利税率、比较劳动生产率以及比较优势系数，得出辽宁省 2014 年各工业行业比较优势排序（表 4-1）。从比较产值利税率来看，有色金属冶炼和压延加工业，计算机、通信和其他电子设备制造业，燃气生产和供应业，皮革、毛皮、羽毛及其制品和制鞋业，汽车制造业，黑色金属冶炼和压延加工业，废弃资源综合利用业，医药制造业，仪器仪表制造业的比较产值利税率均大于 1，高于全国平均水平，具有比较产值利税优势；从比较工业成本费用利润率角度出发，有色金属冶炼和压延加工业，皮革、毛皮、羽毛及其制品和制鞋业，计算机、通信和其他电子设备制造业，造纸和纸制品业，仪器仪表制造业，汽车制造业的比较工业成本费用利润率大于1，高于全国平均水平，具有比较成本利润率优势。但这些行业比较优势程度并不高，比较优势程度最高的有色金属冶炼和压延加工业系数仅为1.8929，优势并不明显。从比较劳动生产率的角度看，皮革、毛皮、羽毛及其制品和制鞋业的比较劳动生产率为13.1892，黑色金属矿采选业的比较劳动生产率为7.8230，非金属矿采选业的比较劳动生产率为5.9022，位列辽宁省各工业行业比较劳动生产率的第一至第三位，具有相对较高的比较劳动生产率优势；从比较集中率角度出发，辽宁省共有17个行业的规模优势高于全国平均水平，前六位是黑色金属矿采选业，金属制品、机械和设备修理业，石油加工、炼焦和核燃料加工业，非金属矿采选业，通用设备制造业，铁路、船舶、航空航天和其他运输设备制造业。从综合比较优势系数来看，黑色金属矿采选业，皮革、毛皮、羽毛及其制品和制鞋业，金属制品、机械和设备修理业，非金属矿采选业，农副食品加工业，非金属矿物制品业，木材加工和木、竹、藤、棕、草制品业的比较优势高于4，远远超过全国平均水平。综合来看，辽宁省具有比较优势的行业仍然集中在传统的“老字号”“原字号”产业，如何有效升级改造“老字号”“原字号”产业，是实现辽宁省产业结构升级的关键，也是实现辽宁省创新驱动发展的重要途径。

表4-1　　2014年辽宁省工业行业比较优势排序

行业	比较产值利税率	比较工业成本费用利润率	比较劳动生产率	比较集中率	综合比较优势系数
黑色金属矿采选业	0.9440	0.8014	7.8230	4.0591	24.0217
皮革、毛皮、羽毛及其制品和制鞋业	1.1949	1.5629	13.1892	0.4173	10.2779
金属制品、机械和设备修理业	0.8789	0.8149	3.7382	2.7635	7.3986
非金属矿采选业	0.7216	0.6866	5.9022	2.2206	6.4937
农副食品加工业	0.8829	0.8822	4.0811	1.5131	4.8097
非金属矿物制品业	0.8181	0.7317	5.7524	1.3922	4.7939
木材加工和木、竹、藤、棕、草制品业	0.7707	0.7714	5.6825	1.2804	4.3252

续表 4-1

行　业	比较产值利税率	比较工业成本费用利润率	比较劳动生产率	比较集中率	综合比较优势系数
通用设备制造业	0.8319	0.7574	2.4559	1.9235	2.9765
汽车制造业	1.1310	1.0054	2.0132	1.0562	2.4178
橡胶和塑料制品业	0.7859	0.6436	3.6343	1.1600	2.1321
有色金属冶炼和压延加工业	1.6912	1.8929	1.2058	0.5406	2.0867
有色金属矿采选业	0.9137	0.7041	2.5984	1.2181	2.0360
造纸和纸制品业	0.9639	1.0195	3.3581	0.5737	1.8934
金属制品业	0.7833	0.7007	2.6845	1.2058	1.7768
家具制造业	0.6421	0.6463	3.6581	1.1440	1.7367
医药制造业	1.0209	0.8337	2.5997	0.7670	1.6969
黑色金属冶炼和压延加工业	1.1177	0.9782	0.9432	1.4807	1.5270
铁路、船舶、航空航天和其他运输设备制造业	0.7259	0.6820	1.9424	1.5437	1.4843
专用设备制造业	0.6746	0.6201	2.2169	1.4537	1.3480
文教、工美、体育和娱乐用品制造业	0.9315	0.9156	4.1282	0.2992	1.0534
仪器仪表制造业	1.0009	1.0160	1.6331	0.6166	1.0239
电气机械和器材制造业	0.7104	0.6413	2.9668	0.6993	0.9451
食品制造业	0.6801	0.5902	3.0083	0.7532	0.9096
计算机、通信和其他电子设备制造业	1.4512	1.4728	1.5046	0.2342	0.7533
酒、饮料和精制茶制造业	0.7546	0.6586	2.2587	0.6554	0.7357
纺织服装、服饰业	0.6825	0.6104	2.3213	0.7116	0.6881
纺织业	1.0062	0.8260	3.0833	0.2570	0.6586
化学原料和化学制品制造业	0.6185	0.4182	2.3056	0.8185	0.4881
印刷和记录媒介复制业	0.7871	0.7834	1.7055	0.4058	0.4267
废弃资源综合利用业	1.0554	0.7967	0.8627	0.4535	0.3289

续表 4-1

行业	比较产值利税率	比较工业成本费用利润率	比较劳动生产率	比较集中率	综合比较优势系数
电力、热力生产和供应业	0.7344	0.5300	0.7861	0.6452	0.1974
燃气生产和供应业	1.2144	0.8597	0.2689	0.3200	0.0898
化学纤维制造业	0.5920	0.4750	1.0095	0.1463	0.0415
烟草制品业	0.8490	0.1780	0.9728	0.2002	0.0294
煤炭开采和洗选业	0.9471	0.0315	0.2735	0.2036	0.0017
石油和天然气开采业	0.4287	-0.0259	0.5368	0.6839	-0.0041
水的生产和供应业	0.1104	-0.2134	0.5750	1.0269	-0.0139
石油加工、炼焦和核燃料加工业	0.7728	-10.3869	1.1543	2.3722	-21.9799

图 4-1 显示了 2010—2014 年辽宁省主要“老字号”“原字号”产业的比较优势变化趋势。可以看出，黑色金属矿采选业比较优势明显；黑色金属冶炼和压延加工业，农副食品加工业，非金属矿物制品业，木材加工和木、竹、藤、棕、草制品业也是长期存在比较优势的产业；有色金属冶炼和压延加工业的比较优势波动性明显；化学原料和化学制品制造业、石油加工、炼焦和核燃料加工业已经不具备比较优势。这说明辽宁省具有比较优势的产业都属于传统产业，特别是黑色金属矿采选业，不但始终具有优势，而且有进一步强化的趋势，说明辽宁省作为国家矿产原材料基地的功能还在不断加强。石油化工行业曾经是辽宁经济的支柱产业，但近年来受外部需求环境影响，自身竞争力下降，产品结构单一，附加值不高的问题突显，不仅无法支撑经济发展，还成为拖累经济下行的主要因素。因此，辽宁省石化行业迫切需要改革原有发展方式，向精细化工以及中间品市场探索延伸，实现传统产业的转型升级。

图 4-2 显示了 2010—2014 年辽宁省主要“新字号”产业比较优势变化趋势。其中，通用设备制造业比较优势明显；专用设备制造业比较优势虽有下降，但优势仍然存在；电气机械和器材制造业，计算机、通信和其他电子设备制造业原有的比较优势在近两年已经消失；医药制造业原本不具有比较优势，但当前发展势头良好，有逐渐上升的趋势。

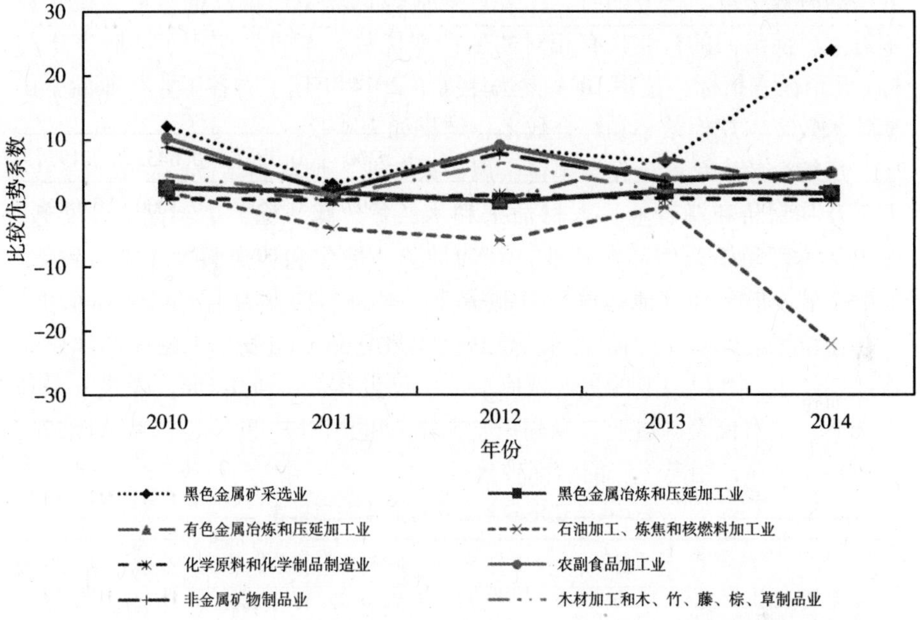

图 4-1　2010—2014 年辽宁省主要“老字号”“原字号”产业比较优势变化

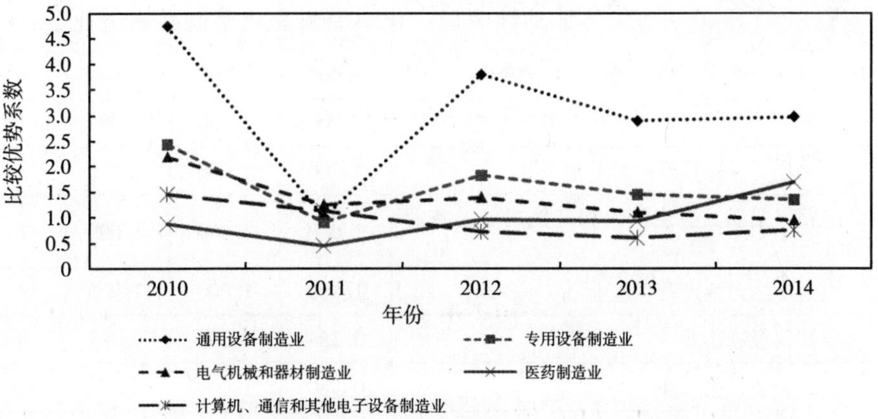

图 4-2　2010—2014 年辽宁省主要“新字号”产业比较优势变化趋势

4.2.2　基于生产率的产业竞争力评价

生产率是评价产业竞争力的重要指标。产业竞争力不仅体现在比较优势方面，还体现在生产效率方面。DEA 是基于多投入多产出方法衡量生产效率的有效手段。一般而言，主导产业应该选取生产率高的行业，位于或接近生产前沿面的行业具有相对的生产率优势。本研究使用了2个产出指标，5个投入指标，使用DEA方法计算了2014年辽宁省各工业行业的生产率技术效率、规模效率和综合效率，结果如表4-2。

从综合效率角度出发，黑色金属矿采选业，烟草制品业，皮革、毛皮、羽毛及其制品和制鞋业，木材加工和木、竹、藤、棕、草制品业，文教、工美、体育和娱乐用品制造业，石油加工、炼焦和核燃料加工业，铁路、船舶、航空航天和其他运输设备制造业，电力、热力的生产和供应业共8个行业位于生产效率的前沿面。单从技术效率角度出发，水的生产和供应业，燃气生产和供应业的生产效率最低，仅为0.154和0.156。煤炭开采和洗选业，仪器仪表制造业，专用设备制造业也相对较低，生产率为0.276，0.384，0.414，距离生产前沿面较远。

表4-2　　2014年辽宁省各工业行业生产率排序

行　　业	技术效率	规模效率	综合效率	位次
黑色金属矿采选业	1.000	1.000	1.000	1
烟草制品业	1.000	1.000	1.000	2
皮革、毛皮、羽毛（绒）及其制品业和制鞋业	1.000	1.000	1.000	3
木材加工和木、竹、藤、棕、草制品业	1.000	1.000	1.000	4
文教、工美、体育和娱乐用品制造业	1.000	1.000	1.000	5
石油加工、炼焦及核燃料加工业	1.000	1.000	1.000	6
铁路、船舶、航空航天和其他运输设备制造业	1.000	1.000	1.000	7
电力、热力生产和供应业	1.000	1.000	1.000	8
仪器仪表制造业	0.384	0.391	0.982	9
纺织服装、服饰业	0.980	1.000	0.980	10
非金属矿采选业	0.825	0.863	0.956	11
造纸及纸制品业	0.665	0.699	0.951	12
有色金属矿采选业	0.694	0.731	0.949	13
石油和天然气开采业	0.948	1.000	0.948	14

续表 4-2

行　　业	技术效率	规模效率	综合效率	位次
煤炭开采和洗选业	0.276	0.293	0.942	15
农副食品加工业	0.932	1.000	0.932	16
有色金属冶炼及压延加工业	0.706	0.770	0.917	17
家具制造业	0.825	0.924	0.894	18
金属制品、机械和设备修理业	0.894	1.000	0.894	19
纺织业	0.725	0.819	0.885	20
非金属矿物制品业	0.761	0.869	0.876	21
化学原料和化学制品制造业	0.603	0.701	0.860	22
医药制造业	0.446	0.577	0.774	23
金属制品业	0.599	0.777	0.771	24
酒、饮料和精制茶制造业	0.660	0.873	0.756	25
化学纤维制造业	0.753	1.000	0.753	26
印刷和记录媒介复制业	0.421	0.564	0.747	27
橡胶和塑料制品业	0.517	0.732	0.706	28
专用设备制造业	0.414	0.589	0.704	29
食品制造业	0.619	0.898	0.690	30
通用设备制造业	0.497	0.729	0.681	31
通信设备、计算机及其他电子设备制造业	0.489	0.779	0.628	32
电气机械及器材制造业	0.535	0.862	0.620	33
汽车制造	0.564	1.000	0.564	34
水的生产和供应业	0.154	0.272	0.564	35
废弃资源和废旧材料回收加工业	0.476	0.846	0.563	36
其他制造业	0.557	1.000	0.557	37
燃气生产和供应业	0.156	0.298	0.524	38
黑色金属冶炼及压延加工业	0.499	1.000	0.499	39

同时，具有比较优势的金属制品、机械和设备修理业，非金属矿采选

业，农副食品加工业，非金属矿物制品业的技术效率分别为 0.894，0.825，0.932，0.761，说明具有相对比较优势的传统“原字号”和“老字号”产业，在生产效率方面，尤其是技术效率方面还有进一步提升的空间。而传统产业的低生产效率也导致了产品竞争力不强，企业经营困难。因此，提升传统“老字号”和“原字号”产业的生产效率，尤其是技术效率迫在眉睫。

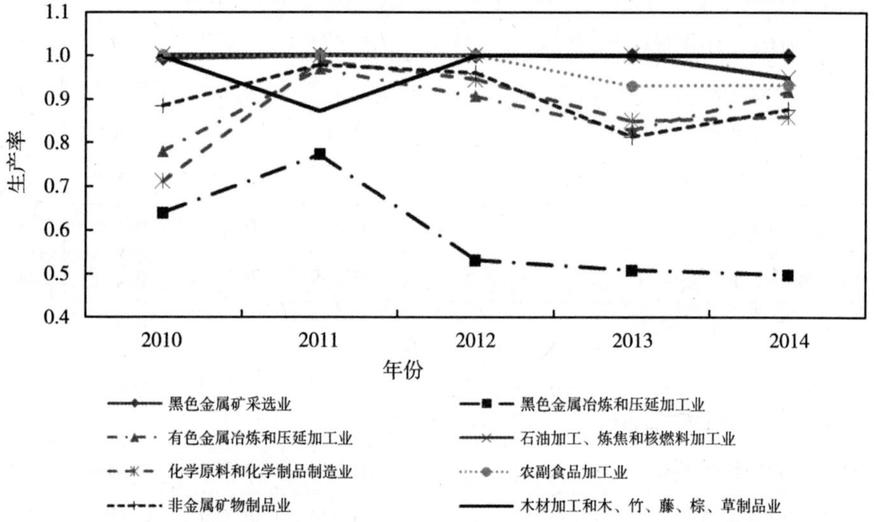

图 4-3 2010—2014 年辽宁省主要“老字号”“原字号”产业生产率变化趋势

图 4-3 显示了 2010—2014 年辽宁省主要“老字号”“原字号”产业生产率变化趋势。可以看出，辽宁省主要“老字号”“原字号”产业中，黑色金属矿采选业，木材加工和木、竹、藤、棕、草制品业生产效率较高，一直位于生产前沿面上；石油加工、炼焦和核燃料加工业，农副食品加工业原本也位于效率前沿面上，但近两年效率有所下降；有色金属冶炼和压延加工业，化学原料和化学制品制造业，非金属矿物制品业的生产效率有一定的波动，但整体仍然位于 0.8~0.9 区间；黑色金属冶炼和压延加工业的生产率一直不高，并且下降趋势十分明显。这说明黑色金属冶炼和压延加工业没有实现生产效率的提升，仍然处于高投入低产出水平。石油加工、炼焦和核燃料加工业近两年效率下降，生产成本过高导致外部需求环境恶化后产品竞争力明显不足；农副食品加工业效率下降，主要原因在于产业链不够完整，产品附加值低，龙头企业的带动作用不强。

由 2010—2014 年辽宁省主要“新字号”产业生产率变化趋势（图 4-4）可知，各产业在生产率方面都经历了先上升后下降的过程，这也反映了“新字号”产业在发展上遇到了一定困难。其中，除医药制造业情况稍好外，通用设备制造业和专用设备制造业从 2011 年和 2012 年开始下降，而电气机械和器材制造业，计算机、通信和其他电子设备制造业从 2013 年开始下降，并且下降幅度更大。这表明，辽宁省“新字号”产业对经济的支撑能力较弱，无法填补传统产业萎缩造成的经济发展动力缺失，经济发展的新动能尚未形成。

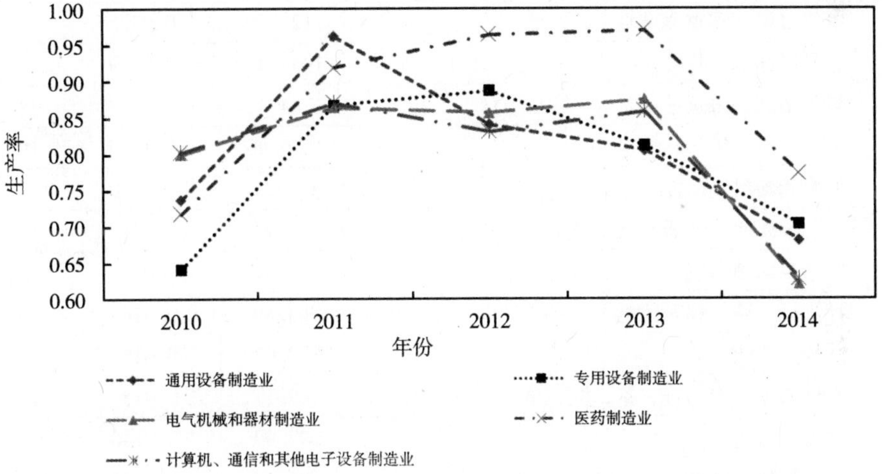

图 4-4　2010—2014 年辽宁省主要“新字号”产业生产率变化趋势

4.2.3　基于区内产值比重的产业竞争力评价

区内产值比重衡量一个地区各工业行业对该地区经济的贡献程度。选取辽宁省 2014 年各工业行业的产值比重，得出各行业的贡献水平排序（表 4-3）。

表 4-3　　2014 年辽宁省工业行业区内产值比重排序

行　业	工业总产值/亿元	区内产值比重	位次
黑色金属冶炼和压延加工业	5077.47	0.1017	1
农副食品加工业	4393.65	0.0880	2

续表 4-3

行　业	工业总产值/亿元	区内产值比重	位次
石油加工、炼焦和核燃料加工业	4369. 84	0. 0875	3
通用设备制造业	4066. 61	0. 0814	4
非金属矿物制品业	3604. 41	0. 0722	5
汽车制造业	3218. 73	0. 0645	6
化学原料和化学制品制造业	3096. 85	0. 0620	7
专用设备制造业	2311. 12	0. 0463	8
电气机械和器材制造业	2127. 99	0. 0426	9
金属制品业	1943. 84	0. 0389	10
黑色金属矿采选业	1744. 46	0. 0349	11
电力、热力生产和供应业	1676. 46	0. 0336	12
橡胶和塑料制品业	1567. 7	0. 0314	13
有色金属冶炼和压延加工业	1253. 84	0. 0251	14
铁路、船舶、航空航天和其他运输设备制造业	1098. 42	0. 0220	15
计算机、通信和其他电子设备制造业	904. 89	0. 0181	16
医药制造业	817. 67	0. 0164	17
木材加工和木、竹、藤、棕、草制品业	769. 17	0. 0154	18
食品制造业	697. 49	0. 0140	19
纺织服装、服饰业	675. 54	0. 0135	20
非金属矿采选业	529. 15	0. 0106	21
酒、饮料和精制茶制造业	486. 25	0. 0097	22
纺织业	447. 48	0. 0090	23
家具制造业	375. 82	0. 0075	24
石油和天然气开采业	361. 22	0. 0072	25
造纸和纸制品业	354. 36	0. 0071	26
有色金属矿采选业	349. 46	0. 0070	27
煤炭开采和洗选业	279. 58	0. 0056	28
皮革、毛皮、羽毛及其制品和制鞋业	258. 86	0. 0052	29
仪器仪表制造业	230. 69	0. 0046	30
印刷和记录媒介复制业	123. 2	0. 0025	31
文教、工美、体育和娱乐用品制造业	200. 13	0. 0025	32

续表 4-3

行 业	工业总产值/亿元	区内产值比重	位次
金属制品、机械和设备修理业	108.48	0.0022	33
烟草制品业	81.5	0.0016	34
水的生产和供应业	76.88	0.0015	35
废弃资源综合利用业	76.18	0.0015	36
燃气生产和供应业	72.09	0.0014	37
其他制造业	62.28	0.0012	38
化学纤维制造业	48.24	0.0010	39

根据表 4-3，2014 年对辽宁省经济贡献排在前三位的工业行业是黑色金属冶炼和压延加工业，农副食品加工业，石油加工、炼焦和核燃料加工业。同时，作为传统装备制造业中心，通用设备制造业、专用设备制造业、电气机械和器材制造业对辽宁省经济增长的贡献也相对较高，分别位列第四位、八位和九位。此外，“老字号”产业中，橡胶和塑料制品业，铁路、船舶、航空航天和其他运输设备制造业，木材加工和木、竹、藤、棕、草制品业对辽宁省的经济贡献也相对较高；而“新字号”产业，如计算机、通信和其他电子设备制造业，医药制造业等对辽宁省经济贡献较低，分列第十六位和第十七位。

可以看出，辽宁省“老字号”“原字号”产业对经济增长的贡献度较高，也说明辽宁工业结构以“重化”“原材料”为主的特征比较明显，而“新字号”产业还尚未发展成熟。

由 2010—2014 年辽宁省主要“老字号”“原字号”产业区内产值比重变化趋势（图 4-5）可以看出，辽宁省主要“老字号”“原字号”产业中，黑色金属冶炼和压延加工业所占比重近年来下降明显，但绝对产值占比仍然较高；其余产业占比变化不大，农副食品加工业，化学原料和化学制品制造业，石油加工、炼焦和核燃料加工业，非金属矿物制品业占比 5%～10%；黑色金属矿采选业，有色金属冶炼和压延加工业，木材加工和木、竹、藤、棕、草制品业占比 1%～4%。以上说明近年来辽宁省产业结构未有明显改变，而主要支柱产业发展受困直接导致了辽宁经济下滑。

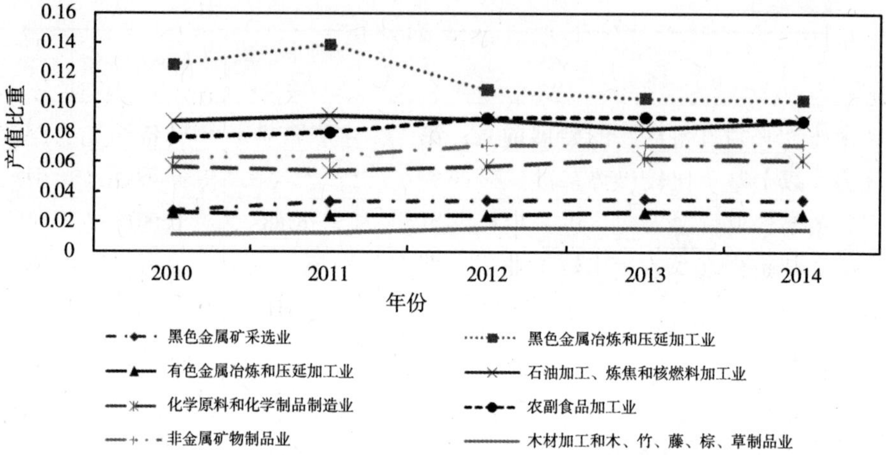

图 4-5 2010—2014 年辽宁省主要“老字号”“原字号”产业区内产值比重变化趋势

由 2010—2014 年辽宁省主要“新字号”产业区内产值比重变化趋势（图 4-6）可以看出，各产业产值占比变化不大。其中，通用设备制造业的占比始终较高，达到 8%左右；专用设备制造业，电气机械和器材制造业占比 5%~6%；医药制造业，计算机、通信和其他电子设备制造业产值占比 1%~2%。可以看出，医药制造业，计算机、通信和其他电子设备制造业这样的新兴产业占比较低，没有形成对经济的拉动。

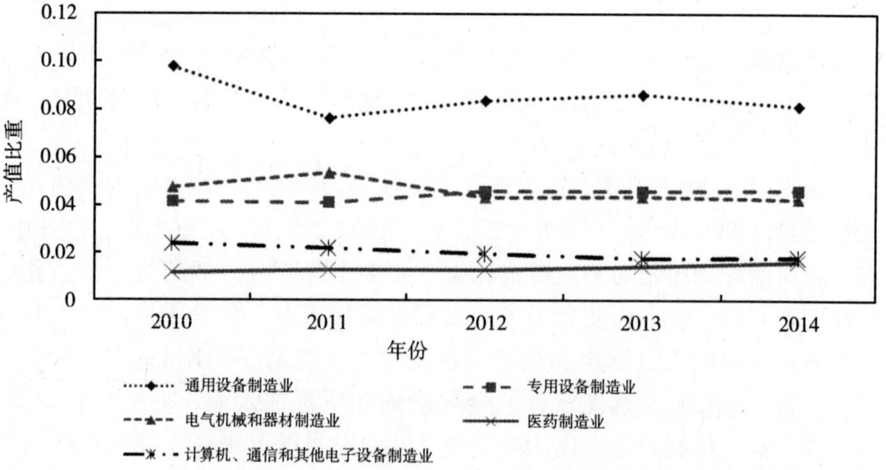

图 4-6 2010—2014 年辽宁省主要“新字号”产业区内产值比重变化趋势

4.2.4　基于因子分析的产业竞争力评价

主导产业必须具备两大功能：第一，主导产业是地区经济系统的核心和主体，必须具备良好的发展前景；第二，主导产业必须具备明显的比较优势。以上基于比较优势基准、生产率基准以及区内产值比重基准给出辽宁省主导产业选择方向。进一步利用 SPSS 因子分析法，综合考察各工业行业的比较集中率系数、比较工业成本费用利润率系数、比较劳动生产率系数、比较利税率系数、生产率、区内产值比重，计算辽宁省各工业行业综合得分，并进行排序（表 4-4）。

表 4-4　　　　基于因子分析的 2014 年辽宁省工业行业排序

行　　业	得分	位次
黑色金属矿采选业	1.2625	1
皮革、毛皮、羽毛及其制品和制鞋业	0.9220	2
农副食品加工业	0.5988	3
非金属矿物制品业	0.5790	4
黑色金属冶炼和压延加工业	0.4308	5
通用设备制造业	0.4224	6
非金属矿采选业	0.4058	7
金属制品、机械和设备修理业	0.3729	8
有色金属冶炼和压延加工业	0.2827	9
汽车制造业	0.2517	10
木材加工和木、竹、藤、棕、草制品业	0.2422	11
石油加工、炼焦和核燃料加工业	0.2089	12
橡胶和塑料制品业	0.0601	13
金属制品业	0.0422	14
专用设备制造业	0.0155	15
计算机、通信和其他电子设备制造业	-0.0143	16
有色金属矿采选业	-0.0181	17
铁路、船舶、航空航天和其他运输设备制造业	-0.0208	18

续表 4-4

行　业	得分	位次
化学原料和化学制品制造业	-0.0366	19
医药制造业	-0.0425	20
造纸和纸制品业	-0.0578	21
文教、工美、体育和娱乐用品制造业	-0.0870	22
电气机械和器材制造业	-0.1053	23
家具制造业	-0.1118	24
纺织业	-0.1380	25
仪器仪表制造业	-0.1848	26
食品制造业	-0.2475	27
纺织服装、服饰业	-0.2518	28
电力、热力生产和供应业	-0.2604	29
酒、饮料和精制茶制造业	-0.2979	30
燃气生产和供应业	-0.3715	31
废弃资源综合利用业	-0.3747	32
印刷和记录媒介复制业	-0.4219	33
煤炭开采和洗选业	-0.4564	34
烟草制品业	-0.4578	35
石油和天然气开采业	-0.6207	36
化学纤维制造业	-0.6701	37
水的生产和供应业	-0.8498	38

主导产业应该具有较高的综合得分。因此，黑色金属矿采选业，皮革、毛皮、羽毛及其制品和制鞋业，农副食品加工业，非金属矿物制品业，黑色金属冶炼和压延加工业可作为主导产业选择的备选行业。同时，化学纤维制造业，石油和天然气开采业，烟草制品业，煤炭开采和洗选业的因子得分较低，需要限制发展。

从辽宁省各工业行业因子分析得分来看，具有优势的行业仍然属于传统产业，说明多年来辽宁省依赖资源优势推动经济发展的格局并未改变，要素驱动为主的发展模式十分明显。若想实现要素驱动向效率驱动，以及创新驱动转变，就必须形成产业发展的新动能。然而，辽宁省新兴产业发展滞后，尚未对经济发展形成有效带动。因此，辽宁省产业调整应重视传统产业的转型升级，提质增效，同时要注重有发展潜力的新兴产业的培育，帮助经济企稳回升。

4.3　吉林省产业竞争力评价

4.3.1　基于比较优势的产业竞争力评价

表 4-5 显示了 2014 年吉林省工业行业比较优势排序，从结果来看，吉林省的汽车制造业，铁路、船舶、航空航天和其他运输设备制造业，农副食品加工业，木材加工和木、竹、藤、棕、草制品业，医药制造业，家具制造业，印刷和记录媒介复制业具有比较优势，优于全国的平均水平。其中，医药制造业具有“新字号”产业特征，并且具有比较优势，说明吉林省在“新字号”产业培育方面已经出现较好的势头。2014 年吉林省煤炭开采和洗选业，化学纤维制造业这 2 个行业的比较优势系数为负，尤其是比较工业成本费用利润率较低，说明行业赢利能力较差。

表 4-5　　2014 年吉林省工业行业比较优势排序

行　业	比较产值利税率	比较工业成本费用利润率	比较劳动生产率	比较集中率	比较优势系数
汽车制造业	1.4568	1.0845	1.6211	4.4058	11.2831
铁路、船舶、航空航天和其他运输设备制造业	1.6477	1.6732	1.7532	1.0172	4.9166
农副食品加工业	0.6923	0.7243	1.7800	2.3440	2.0922
木材加工和木、竹、藤、棕、草制品业	0.6350	0.7163	1.3553	3.0732	1.8946
医药制造业	0.7446	0.6452	1.1569	3.1929	1.7744
家具制造业	0.9020	0.8406	2.3416	0.8672	1.5398
印刷和记录媒介复制业	1.4651	1.2517	1.6968	0.4847	1.5084

表 4-5

行业	比较产值利税率	比较工业成本费用利润率	比较劳动生产率	比较集中率	比较优势系数
石油加工、炼焦和核燃料加工业	0.8543	10.5692	0.6511	0.2555	1.5021
非金属矿物制品业	0.6333	0.5411	2.2451	1.2905	0.9928
非金属矿采选业	0.6260	0.5731	1.9012	0.9736	0.6641
专用设备制造业	0.7077	0.6363	1.8108	0.7914	0.6453
金属制品业	0.9305	0.9374	1.5400	0.3930	0.5279
通用设备制造业	0.7981	0.8272	1.7230	0.4388	0.4992
食品制造业	0.5753	0.5435	1.6080	0.9427	0.4740
橡胶和塑料制品业	0.7633	0.7453	1.5724	0.4733	0.4233
有色金属矿采选业	0.7480	0.6191	0.7802	1.0214	0.3690
黑色金属矿采选业	0.5348	0.4708	1.0583	1.2985	0.3460
酒、饮料和精制茶制造业	0.5349	0.3466	1.2745	1.4190	0.3353
仪器仪表制造业	0.9357	1.0420	1.3147	0.2366	0.3033
烟草制品业	0.8102	0.4655	0.8726	0.8023	0.2640
造纸和纸制品业	0.6126	0.6551	1.0747	0.4863	0.2097
计算机、通信和其他电子设备制造业	2.1344	2.4094	0.9257	0.0440	0.2094
电气机械和器材制造业	0.7820	0.6341	1.6991	0.2412	0.2032
废弃资源综合利用业	1.1741	1.1142	0.4686	0.3021	0.1852
文教、工美、体育和娱乐用品制造业	1.0155	0.8773	1.7434	0.1081	0.1678
皮革、毛皮、羽毛及其制品和制鞋业	0.7332	0.6262	3.4412	0.0857	0.1354
金属制品、机械和设备修理业	0.7187	0.3552	1.1157	0.4444	0.1265
石油和天然气开采业	0.5112	0.1687	0.7437	1.7316	0.1111
燃气生产和供应业	0.6048	0.4309	0.6040	0.6556	0.1032

表 4-5

行　业	比较产值利税率	比较工业成本费用利润率	比较劳动生产率	比较集中率	比较优势系数
有色金属冶炼和压延加工业	0.9484	0.8561	0.6738	0.1651	0.0903
纺织服装、服饰业	0.3047	0.3273	2.0857	0.2430	0.0505
电力、热力生产和供应业	0.4613	0.2129	0.4674	0.7445	0.0342
化学原料和化学制品制造业	0.7739	0.0347	1.1377	0.9195	0.0281
纺织业	0.4912	0.4762	0.6295	0.1895	0.0279
黑色金属冶炼和压延加工业	0.2578	0.0843	1.0878	0.5444	0.0129
煤炭开采和洗选业	0.3060	−0.3152	0.5466	0.4385	−0.0231
化学纤维制造业	0.0177	−0.1654	4.4723	3.5436	−0.0464

图 4-7 显示了 2010—2014 年吉林省主要“老字号”“原字号”产业比较优势变化趋势。可以看到，交通运输设备制造业作为传统优势产业，比较优势虽然有一定波动，但数值仍然较高；木材加工和木、竹、藤、棕、草制品业，农副食品加工业的比较优势系数都大于 1；非金属矿物制品业，化学原料和化学制品制造业，化学纤维制造业，电力、热力生产和供应业基本不具备比较优势。

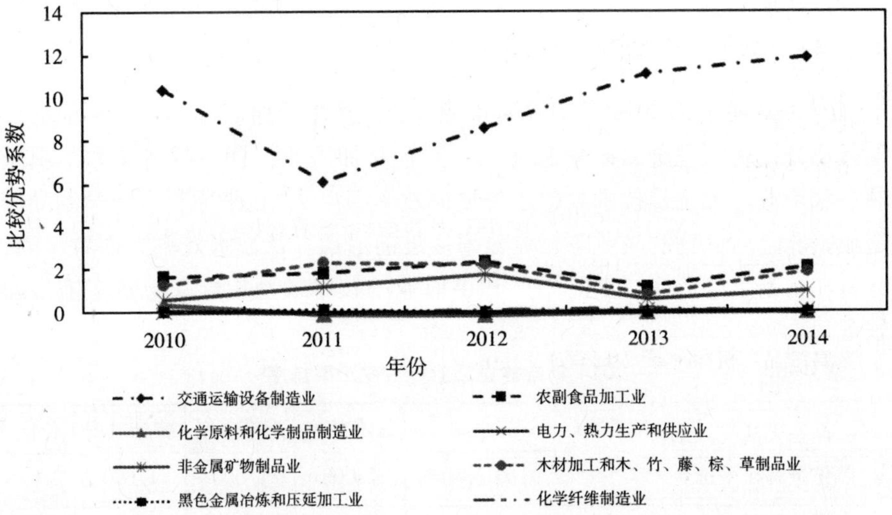

图 4-7　2010—2014 年吉林省主要“老字号”“原字号”产业比较优势变化趋势

由2010—2014年吉林省主要“新字号”产业比较优势变化趋势（图4-8）可以看出，吉林省具备比较优势的“新字号”产业较少。其中，医药制造业是主要“新字号”产业中唯一具有比较优势的产业；在其他不具备比较优势的产业中，专用设备制造业，通用设备制造业从2010年开始比较优势指数呈缓慢上升趋势，而电气机械和器材制造业，计算机、通信和其他电子设备制造业比较优势指数一直较低，说明新兴产业发展仍面临较多困难。

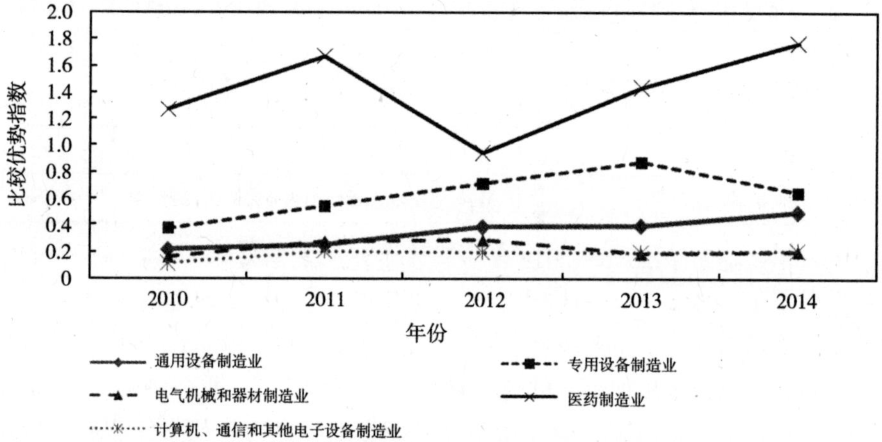

图4-8 2010—2014年吉林省主要“新字号”产业比较优势变化趋势

4.3.2 基于生产率的产业竞争力评价

表4-6显示了2014年吉林省工业行业生产率排序。位于生产率前沿面的行业分别为黑色金属矿采选业，农副食品加工业，食品制造业和纺织服装、服饰业，无论是技术效率还是规模效率都为1。化学原料及化学制品制造业，非金属矿物制品业等行业效率接近前沿面。从技术效率方面看，酒、饮料和精制茶制造业，水的生产和供应业的技术效率较低，距效率前沿面较远。

表4-6 2014年吉林省工业行业生产率排序

行业	技术效率	规模效率	综合效率	位次
黑色金属矿采选业	1.000	1.000	1.000	1
农副食品加工业	1.000	1.000	1.000	2

续表 4-6

行　业	技术效率	规模效率	综合效率	位次
食品制造业	1.000	1.000	1.000	3
纺织服装、服饰业	1.000	1.000	1.000	4
化学原料及化学制品制造业	0.244	0.249	0.980	5
非金属矿物制品业	0.171	0.175	0.977	6
电力、热力的生产和供应业	0.351	0.370	0.950	7
有色金属矿采选业	0.879	0.932	0.944	8
木材加工和木、竹、藤、棕、草制品业	0.136	0.145	0.939	9
黑色金属冶炼及压延加工业	0.391	0.420	0.933	10
专用设备制造业	0.191	0.210	0.912	11
石油和天然气开采业	0.336	0.381	0.883	12
通用设备制造业	0.204	0.232	0.880	13
铁路、船舶、航空航天和其他运输设备制造业	0.853	1.000	0.853	14
电气机械及器材制造业	0.186	0.219	0.850	15
橡胶和塑料制品业	0.200	0.242	0.828	16
金属制品业	0.194	0.235	0.827	17
煤炭开采和洗选业	0.280	0.349	0.803	18
石油加工、炼焦及核燃料加工业	0.487	0.618	0.787	19
有色金属冶炼及压延加工业	0.247	0.320	0.772	20
纺织业	0.236	0.339	0.695	21
造纸及纸制品业	0.151	0.228	0.664	22
烟草制品业	0.549	0.849	0.646	23
家具制造业	0.190	0.297	0.641	24
医药制造业	0.013	0.021	0.609	25
非金属矿采选业	0.212	0.362	0.585	26
计算机、通信和其他电子设备制造业	0.137	0.252	0.545	27
化学纤维制造业	0.217	0.426	0.509	28
燃气生产和供应业	0.154	0.346	0.446	29

续表 4-6

行　业	技术效率	规模效率	综合效率	位次
印刷业和记录媒介的复制业	0.113	0.295	0.383	30
仪器仪表制造业	0.155	0.413	0.376	31
文教、工美、体育和娱乐用品制造业	0.254	0.792	0.320	32
水的生产和供应业	0.067	0.210	0.317	33
废弃资源综合利用业	0.259	1.000	0.259	34
皮革、毛皮、羽毛（绒）及其制品业	0.213	0.898	0.237	35
汽车制造业	0.197	1.000	0.197	36
酒、饮料和精制茶制造业	0.006	0.039	0.148	37
金属制品、机械和设备修理业	0.105	1.000	0.105	38

从2010—2014年吉林省主要“老字号”“原字号”产业生产率变化趋势（图4-9）来看，农副食品加工业的生产效率最高，始终位于效率前沿面；电力、热力生产和供应业，黑色金属冶炼及压延加工业在2011—2013年保持在效率前沿面，但2014年有所下降；交通运输设备制造业，化学纤维制造业也曾在个别年份达到前沿面，但近年来都出现了一定幅度下滑；非金属矿物制品业，木材加工和木、竹、藤、棕、草制品业，化学原料和化学制品制造业的生产率有一定波动，但近年来呈上升趋势。

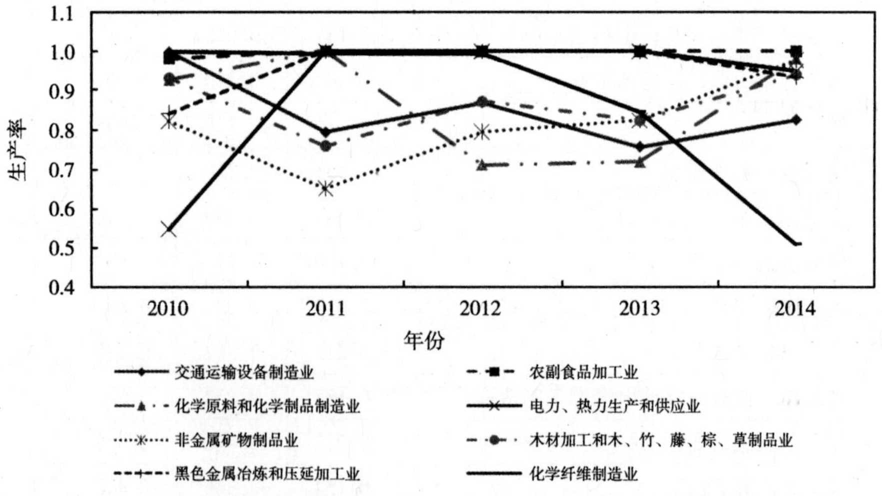

图 4-9　2010—2014 年吉林省主要“老字号”“原字号”产业生产率变化趋势

图 4-10 显示了 2010—2014 年吉林省主要“新字号”产业生产率变化趋势。可以看出，吉林省主要“新字号”产业中，通用设备制造业，专用设备制造业的生产率基本维持在 0.8~0.9；计算机、通信和其他电子设备制造业从 2010 年开始位于效率前沿面上，但从 2013 年开始，生产率大幅下滑；电气机械和器材制造业的波动较大，但近年来也出现下降趋势；医药制造业虽然比较优势较大，但生产效率仍不稳定。吉林省新兴产业的发展仍需进一步提升行业生产率。

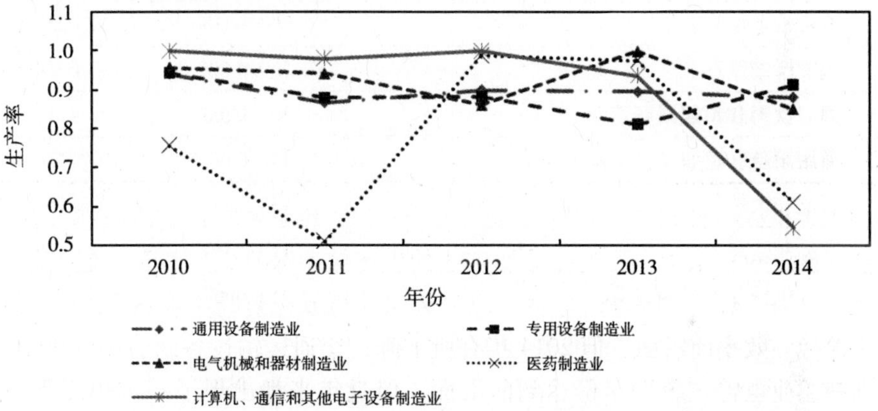

图 4-10　2010—2014 年吉林省主要“新字号”产业生产率变化趋势

4.3.3　基于区内产值比重的产业竞争力评价

从 2014 年吉林省各工业行业区内产值比重（表 4-7）来看，汽车制造业，农副食品加工业，化学原料和化学制品制造业，医药制造业，非金属矿物制品业的区内产值比重较高，对吉林省的经济拉动作用较强。而金属制品、机械和设备修理业，废弃资源综合利用业，皮革、毛皮、羽毛及其制品和制鞋业，水的生产和供应业，仪器仪表制造业的经济贡献率较低，不到吉林省工业总产值的 0.2%，规模偏小。

表 4-7　　2014 年吉林省工业行业区内产值比重排序

行　业	工业总产值/亿元	区内产值比重
汽车制造业	6441.8424	0.2689
农副食品加工业	3265.6546	0.1363
化学原料和化学制品制造业	1669.0561	0.0697

续表 4-7

行　业	工业总产值/亿元	区内产值比重
医药制造业	1633. 1385	0. 0682
非金属矿物制品业	1602. 9574	0. 0669
电力、热力生产和供应业	928. 1099	0. 0387
黑色金属冶炼和压延加工业	895. 6421	0. 0374
木材加工和木、竹、藤、棕、草制品业	885. 7572	0. 0370
专用设备制造业	603. 6615	0. 0252
化学纤维制造业	560. 4039	0. 0234
酒、饮料和精制茶制造业	505. 0863	0. 0211
通用设备制造业	445. 1177	0. 0186
石油和天然气开采业	438. 7954	0. 0183
食品制造业	418. 8684	0. 0175
电气机械和器材制造业	352. 0964	0. 0147
铁路、船舶、航空航天和其他运输设备制造业	347. 2519	0. 0145
橡胶和塑料制品业	306. 8804	0. 0128
金属制品业	303. 9503	0. 0127
煤炭开采和洗选业	288. 8836	0. 0121
黑色金属矿采选业	267. 7341	0. 0112
石油加工、炼焦和核燃料加工业	225. 8169	0. 0094
有色金属冶炼和压延加工业	183. 7794	0. 0077
纺织业	158. 2531	0. 0066
烟草制品业	156. 6886	0. 0065
造纸和纸制品业	144. 1023	0. 0060
有色金属矿采选业	140. 5910	0. 0059
家具制造业	136. 6822	0. 0057
非金属矿采选业	111. 3100	0. 0046
纺织服装、服饰业	110. 6899	0. 0046
计算机、通信和其他电子设备制造业	81. 5072	0. 0034
燃气生产和供应业	70. 8623	0. 0030

续表 4-7

行　业	工业总产值/亿元	区内产值比重
印刷和记录媒介复制业	70.6123	0.0029
文教、工美、体育和娱乐用品制造业	34.6825	0.0029
仪器仪表制造业	42.4642	0.0018
水的生产和供应业	31.8085	0.0013
皮革、毛皮、羽毛及其制品和制鞋业	25.5095	0.0011
废弃资源综合利用业	24.3493	0.0010
金属制品、机械和设备修理业	8.3689	0.0003

从 2010—2014 年吉林省主要“老字号”“原字号”产业区内产值比重变化趋势（图 4-11）可以看出，交通运输设备制造业毫无疑问是吉林省长期以来的第一大支柱产业，虽然产值占比在近几年已有所下降，但仍然维持在 20%以上；农副食品加工业是吉林省的第二大支柱产业，占比维持在 10%~15%；非金属矿物制品业，化学原料和化学制品制造业的占比同样较高，为 5%~10%；其余的黑色金属冶炼及压延加工业，木材加工和木、竹、藤、棕、草制品业，电力、热力生产和供应业产值占比 3%~5%。吉林省“老字号”“原字号”产业的发展已经出现停滞，甚至衰退。

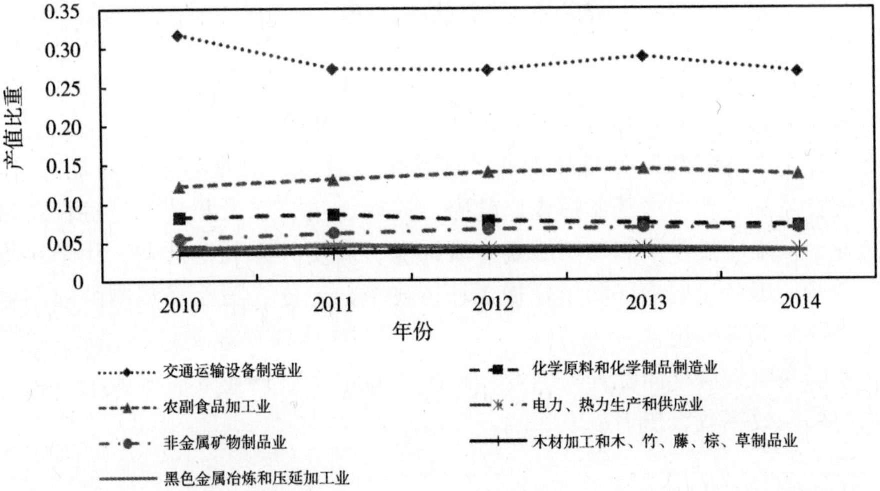

图 4-11　2010—2014 年吉林省主要“老字号”“原字号”产业区内产值比重变化趋势

由2010—2014年吉林省主要“新字号”产业区内产值比重变化趋势（图4-12）可以看出，吉林省主要新兴产业中，医药制造业的产值占比较高，并呈持续上升趋势；其他主要新兴产业的占比变化不大，专用设备制造业占比2%~3%；通用设备制造业，电气机械和器材制造业的占比维持在1%~2%；通信和其他电子设备制造业相对较小，低于1%。这说明吉林省的新兴产业发展平稳，但在规模上需进一步提高，以推动经济成功转型。

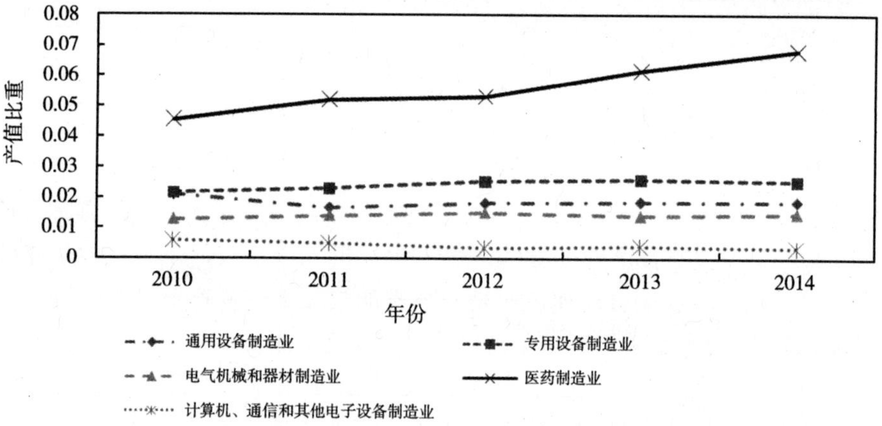

图4-12 2010—2014年吉林省主要“新字号”产业区内产值比重变化趋势

4.3.4 基于因子分析的产业竞争力评价

表4-8显示了基于因子分析得出的吉林省各工业行业竞争力排序。可以看出，吉林省具备综合竞争力，可以优先发展的产业大致为汽车制造业，石油加工、炼焦和核燃料加工业，计算机、通信和其他电子设备制造业，农副食品加工业，医药制造业，铁路、船舶、航空航天和其他运输设备制造业。未来应逐步限制纺织服装、服饰业，煤炭开采和洗选业，化学纤维制造业，黑色金属冶炼和压延加工业，皮革、毛皮、羽毛及其制品和制鞋业，纺织业等传统产业的发展。综合来看，吉林省“老字号”“原字号”产业的深化发展将面临较大困难，而在“新字号”产业发展过程中也将面临规模和效率双重压力。

表 4-8　　基于因子分析的 2014 年吉林省工业行业排序

行　　业	得分	位次
汽车制造业	1.9118	1
石油加工、炼焦和核燃料加工业	0.7161	2
计算机、通信和其他电子设备制造业	0.6615	3
农副食品加工业	0.4651	4
医药制造业	0.4538	5
铁路、船舶、航空航天和其他运输设备制造业	0.3788	6
印刷和记录媒介复制业	0.2594	7
废弃资源综合利用业	0.2065	8
木材加工和木、竹、藤、棕、草制品业	0.1584	9
化学原料和化学制品制造业	0.0470	10
酒、饮料和精制茶制造业	0.0079	11
仪器仪表制造业	-0.0246	12
文教、工美、体育和娱乐用品制造业	-0.0319	13
非金属矿物制品业	-0.0391	14
有色金属冶炼和压延加工业	-0.0629	15
烟草制品业	-0.0745	16
金属制品、机械和设备修理业	-0.0854	17
金属制品业	-0.1023	18
家具制造业	-0.1158	19
石油和天然气开采业	-0.1307	20
有色金属矿采选业	-0.1351	21
燃气生产和供应业	-0.1407	22
通用设备制造业	-0.1758	23
专用设备制造业	-0.1801	24
电力、热力生产和供应业	-0.1829	25
橡胶和塑料制品业	-0.1943	26

续表 4-8

行业	得分	位次
非金属矿采选业	-0.2158	27
造纸和纸制品业	-0.2209	28
电气机械和器材制造业	-0.2316	29
黑色金属矿采选业	-0.2343	30
食品制造业	-0.2725	31
纺织业	-0.3014	32
皮革、毛皮、羽毛及其制品和制鞋业	-0.3275	33
黑色金属冶炼和压延加工业	-0.3744	34
化学纤维制造业	-0.3779	35
煤炭开采和洗选业	-0.4256	36
纺织服装、服饰业	-0.6084	37

4.4 黑龙江省产业竞争力评价

4.4.1 基于比较优势的产业竞争力评价

表 4-9 显示了 2014 年黑龙江省各工业行业比较优势排序，可以看出，黑龙江省的石油和天然气开采业，食品制造业，木材加工和木、竹、藤、棕、草制品业，皮革、毛皮、羽毛及其制品和制鞋业，医药制造业的比较优势较高，并且只有这 6 个行业的比较优势大于 1，具备比较优势的产业数量较少。其中，因为主要受比较集中度系数影响，石油和天然气开采业的比较优势系数达到 38.3246，即黑龙江省的石油和天然气开采业对工业的贡献率较高。2014 年黑龙江省的石油加工、炼焦和核燃料加工业，水的生产和供应业这 2 个行业的比较优势系数为负，尤其是比较工业成本费用利润率为负，不具备比较优势。

表 4-9　　　　2014 年黑龙江省工业行业比较优势排序

行　业	比较产值利税率	比较工业成本费用利润率	比较劳动生产率	比较集中度	综合比较优势系数
石油和天然气开采业	1.3926	1.9456	1.0794	13.1043	38.3246
食品制造业	0.9780	1.1894	1.4225	2.3610	3.9070
木材加工和木、竹、藤、棕、草制品业	0.8436	0.8959	1.5047	3.1126	3.5399
农副食品加工业	0.8277	0.8291	1.3155	3.4915	3.1519
皮革、毛皮、羽毛及其制品和制鞋业	0.7969	0.8836	7.4257	0.4143	2.1663
医药制造业	1.2214	1.0909	0.6865	1.2667	1.1587
非金属矿物制品业	0.9319	1.0506	1.1372	0.7975	0.8879
文教、工美、体育和娱乐用品制造业	1.1882	1.3486	1.3368	0.3610	0.7733
化学原料和化学制品制造业	1.0319	1.1986	0.8859	0.5621	0.6159
酒、饮料和精制茶制造业	0.6509	0.4924	1.0416	1.6813	0.5613
橡胶和塑料制品业	0.8575	0.8882	1.2437	0.5713	0.5411
家具制造业	0.8005	0.7399	0.8846	0.9041	0.4737
黑色金属矿采选业	1.0393	1.0029	1.0062	0.4418	0.4633
非金属矿采选业	0.8948	0.9203	0.8634	0.6450	0.4586
黑色金属冶炼和压延加工业	−1.3090	−2.7325	0.4692	0.2344	0.3935
有色金属矿采选业	1.4103	1.2686	0.6466	0.3339	0.3863
煤炭开采和洗选业	−0.4899	−3.1539	0.2423	0.9909	0.3710
印刷和记录媒介复制业	0.8862	0.9086	1.0232	0.3705	0.3052
金属制品业	0.7690	0.8743	0.9613	0.4506	0.2912
纺织服装、服饰业	0.9566	1.1409	2.0691	0.1247	0.2816
造纸和纸制品业	0.8381	0.7785	0.8256	0.5160	0.2780
燃气生产和供应业	0.4124	0.3492	0.9349	2.0089	0.2704
铁路、船舶、航空航天和其他运输设备制造业	0.5563	0.4451	0.8797	1.1485	0.2502

续表 4-9

行　　业	比较产值利税率	比较工业成本费用利润率	比较劳动生产率	比较集中度	综合比较优势系数
电气机械和器材制造业	0.9792	0.8653	0.8726	0.3004	0.2221
废弃资源综合利用业	4.4068	5.9542	0.1441	0.0517	0.1953
烟草制品业	0.7625	0.4598	0.4494	0.9848	0.1552
计算机、通信和其他电子设备制造业	2.7197	2.9555	0.6373	0.0229	0.1175
专用设备制造业	0.4469	0.3522	0.8704	0.6791	0.0931
仪器仪表制造业	0.8739	0.7305	0.5685	0.2546	0.0924
金属制品、机械和设备修理业	0.7563	0.3381	0.7649	0.4592	0.0898
纺织业	0.9158	0.9844	0.4321	0.2065	0.0804
电力、热力生产和供应业	0.5136	0.1231	0.4641	1.7473	0.0513
汽车制造业	-0.2448	-0.6829	0.6088	0.2136	0.0217
通用设备制造业	0.3560	0.0640	0.7957	0.8057	0.0146
化学纤维制造业	1.0207	0.9389	0.4359	0.0209	0.0087
有色金属冶炼和压延加工业	0.6664	0.5752	0.2054	0.0624	0.0049
水的生产和供应业	0.2528	-0.1340	0.5168	0.8135	-0.0142
石油加工、炼焦和核燃料加工业	0.9262	-10.6098	0.6276	2.7849	-17.1762

由2010—2014年黑龙江省主要“老字号”“原字号”产业比较优势变化趋势（图4-13）可以看出，石油加工、炼焦和核燃料加工业是黑龙江省主要支柱产业，但近几年比较优势下滑非常严重，主要表现为产品竞争力和发展模式落后，市场需求环境恶化使该行业面临一定的发展困境。除外部因素外，生产方式粗放、生产成本较高、赢利水平差导致了比较成本费用利润率较低；石油和天然气开采业同样是黑龙江省的支柱产业，凭借资源禀赋，其比较优势仍很明显，这也说明黑龙江经济发展仍然依赖“原字号”产业；木材加工和木、竹、藤、棕、草制品业的比较优势具有一定的波动性，总体呈下降趋势；农副食品加工业，食品制造业具有一定比较优势，总体呈上升趋势；化学原料和化学制品制造业，电力、热力生产和供

应业，非金属矿物制品业不具有比较优势。

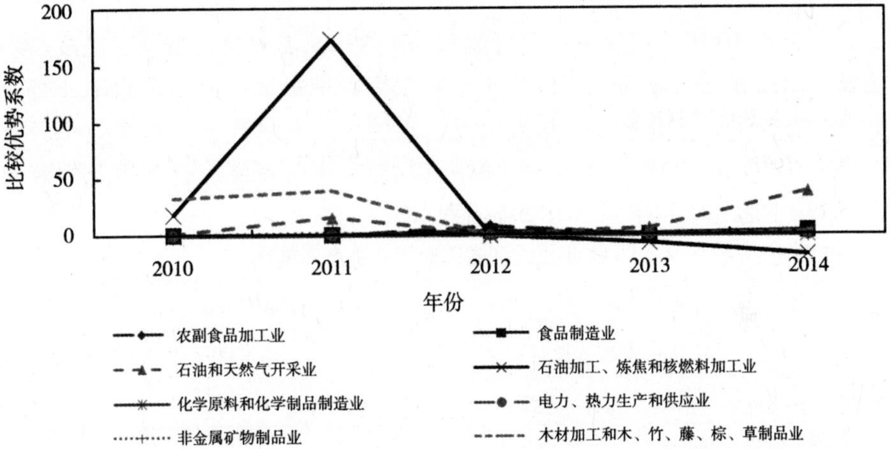

图 4-13　2010—2014 年黑龙江省主要“老字号”“原字号”产业比较优势变化趋势

由 2010—2014 年黑龙江省主要“新字号”产业比较优势变化趋势（图 4-14）可以看出，黑龙江省新兴产业中具备比较优势的产业不多。其中，医药制造业发展较快，已从不具有比较优势发展成为具有比较优势的产业；其他“新字号”产业中通用设备制造业在 2011 年之前的比较优势比较明显，但之后开始大幅下滑；专用设备制造业，电气机械和器材制造业，计算机、通信和其他电子设备制造业则一直不具备比较优势。

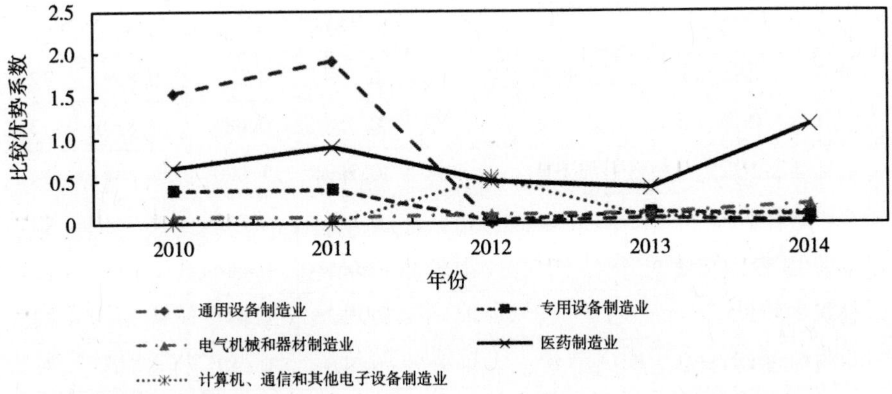

图 4-14　2010—2014 年黑龙江省主要“新字号”产业比较优势变化趋势

4.4.2 基于生产率的产业竞争力评价

从表4-10黑龙江省各工业行业的生产效率来看，只有皮革、毛皮、羽毛及其制品和制鞋业的生产率位于生产效率的前沿面，而大多数工业行业的生产率较低。从技术效率角度出发，水的生产和供应业的技术效率只有0.065，仪器仪表制造业的技术效率为0.131，废气资源综合利用业的效率为0.132，远远落后于生产效率前沿面。

表4-10　　2014年黑龙江省工业行业生产率排序

行　业	技术效率	规模效率	综合效率	位次
皮革、毛皮、羽毛及其制品和制鞋业	1.000	1.000	1.000	1
文教、工美、体育和娱乐用品制造业	0.822	0.834	0.987	2
黑色金属矿采选业	0.417	0.434	0.963	3
有色金属冶炼及压延加工业	0.150	0.163	0.922	4
造纸及纸制品业	0.246	0.268	0.920	5
烟草制品业	0.558	0.615	0.908	6
非金属矿采选业	0.325	0.371	0.876	7
家具制造业	0.227	0.262	0.867	8
其他制造业	0.153	0.179	0.855	9
有色金属矿采选业	0.227	0.269	0.844	10
仪器仪表制造业	0.131	0.156	0.843	11
计算机、通信和其他电子设备制造业	0.190	0.227	0.839	12
燃气生产和供应业	0.558	0.689	0.810	13
石油加工、炼焦及核燃料加工业	0.799	1.000	0.799	14
汽车制造业	0.256	0.322	0.797	15
水的生产和供应业	0.065	0.088	0.747	16
纺织业	0.323	0.447	0.721	17
电气机械及器材制造业	0.275	0.387	0.710	18
纺织服装、服饰业	0.381	0.544	0.701	19
电力、热力的生产和供应业	0.694	1.000	0.694	20

续表 4-10

行　业	技术效率	规模效率	综合效率	位次
印刷业和记录媒介的复制业	0. 226	0. 337	0. 672	21
专用设备制造业	0. 257	0. 384	0. 671	22
铁路、船舶、航空航天和其他运输设备制造业	0. 231	0. 355	0. 652	23
医药制造业	0. 244	0. 376	0. 648	24
黑色金属冶炼及压延加工业	0. 299	0. 469	0. 637	25
饮料制造业	0. 314	0. 524	0. 599	26
通用设备制造业	0. 227	0. 382	0. 593	27
农副食品加工业	0. 589	1. 000	0. 589	28
非金属矿物制品业	0. 326	0. 563	0. 580	29
化学原料及化学制品制造业	0. 443	0. 793	0. 559	30
食品制造业	0. 421	0. 755	0. 557	31
橡胶和塑料制品业	0. 324	0. 625	0. 519	32
木材加工及木、竹、藤、棕、草制品业	0. 505	1. 000	0. 505	33
石油和天然气开采业	0. 489	1. 000	0. 489	34
金属制品业	0. 312	0. 646	0. 483	35
煤炭开采和洗选业	0. 142	0. 418	0. 341	36
金属制品、机械和设备修理业	0. 264	1. 000	0. 264	37
化学纤维制造业	0. 201	1. 000	0. 201	38
废弃资源综合利用业	0. 132	1. 000	0. 132	39

由 2010—2014 年黑龙江省主要“老字号”“原字号”产业生产率变化趋势（图 4-15）可以看出，黑龙江省主要“老字号”“原字号”产业在生产效率上均没有达到前沿面。其中石油加工、炼焦和核燃料加工业的生产率相对较高，但与 2010—2011 年相比，仍出现一定下滑；石油和天然气开采业 2011 年达到前沿面，但也呈现出先升后降的趋势；其他产业，如农副食品加工业，食品制造业，木材加工和木、竹、藤、棕、草制品业，化学原料和化学制品制造业，电力、热力生产和供应业，非金属矿物制品业基本都呈现先下降再上升的趋势。说明黑龙江省的“老字号”“原字号”产

业出现下滑的主要原因在于较低的生产率，因此传统产业改造需要更加注重生产率的提升。

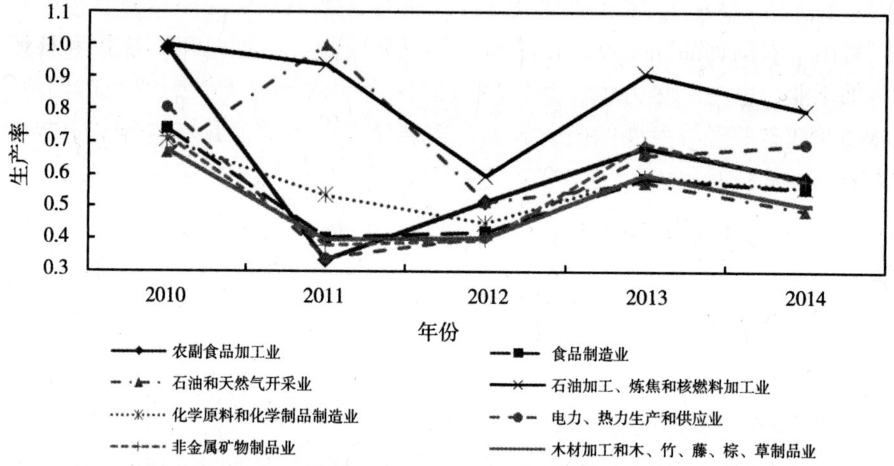

图 4-15　2010—2014 年黑龙江省主要“老字号”“原字号”产业生产率变化趋势

由 2010—2014 年黑龙江省主要“新字号”产业生产率变化趋势（图 4-16）可以看出，黑龙江省主要新兴产业的生产效率都不理想。其中，只有计算机、通信和其他电子设备制造业生产率达到 0.8 以上；医药制造业呈现先降后升态势，仍有较大的提升空间；通用设备制造业，专用设备制造业，电气机械和器材制造业的波动比较明显，并且表现出一定的同步性，2014 年生产率都在 0.6~0.7。

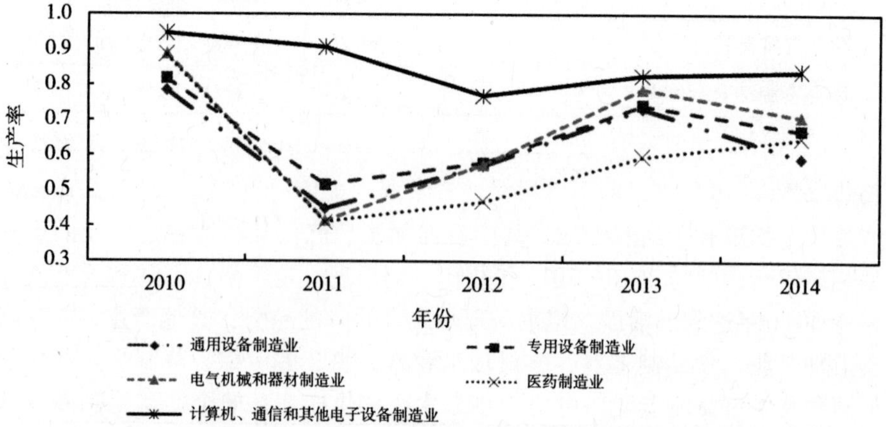

图 4-16　2010—2014 年黑龙江省主要“新字号”产业生产率变化趋势

4.4.3　基于区内产值比重的产业竞争力评价

表 4-11 显示了 2014 年黑龙江省工业行业区内产值比重排序情况。可以看出，农副食品加工业，石油和天然气开采业，石油加工、炼焦和核燃料加工业，电力、热力生产和供应业的区内产值比重较大，位列前四位，对黑龙江省的经济发展的贡献较高。需要注意到，对黑龙江省经济贡献度较高的行业仍然集中于“老字号”“原字号”产业，“新字号”产业贡献能力较弱，经济发展的新动能有待进一步培育。

表 4-11　　2014 年黑龙江省工业行业区内产值比重排序

行　业	区内产值比重	位次
农副食品加工业	0. 2030	1
石油和天然气开采业	0. 1386	2
石油加工、炼焦和核燃料加工业	0. 1027	3
电力、热力生产和供应业	0. 0909	4
食品制造业	0. 0438	5
化学原料和化学制品制造业	0. 0426	6
非金属矿物制品业	0. 0413	7
木材加工和木、竹、藤、棕、草制品业	0. 0374	8
通用设备制造业	0. 0341	9
煤炭开采和洗选业	0. 0272	10
医药制造业	0. 0270	11
酒、饮料和精制茶制造业	0. 0250	12
专用设备制造业	0. 0216	13
电气机械和器材制造业	0. 0183	14
铁路、船舶、航空航天和其他运输设备制造业	0. 0164	15
黑色金属冶炼和压延加工业	0. 0161	16
橡胶和塑料制品业	0. 0155	17
金属制品业	0. 0145	18
汽车制造业	0. 0130	19
燃气生产和供应业	0. 0091	20

续表 4-11

行　业	区内产值比重	位次
烟草制品业	0.0080	21
纺织业	0.0072	22
造纸和纸制品业	0.0064	23
家具制造业	0.0059	24
皮革、毛皮、羽毛及其制品和制鞋业	0.0051	25
黑色金属矿采选业	0.0038	26
非金属矿采选业	0.0031	27
有色金属冶炼和压延加工业	0.0029	28
纺织服装、服饰业	0.0024	29
印刷和记录媒介复制业	0.0023	30
文教、工美、体育和娱乐用品制造业	0.0023	31
有色金属矿采选业	0.0019	32
仪器仪表制造业	0.0019	33
计算机、通信和其他电子设备制造业	0.0018	34
水的生产和供应业	0.0012	35
金属制品、机械和设备修理业	0.0004	36
废弃资源综合利用业	0.0002	37
化学纤维制造业	0.0001	38

从2010—2014年黑龙江省主要“老字号”“原字号”产业区内产值比重变化趋势（图4-17）来看，农副食品加工业，石油和天然气开采业，石油加工、炼焦和核燃料加工业变化较大。其中农副食品加工业产值占比逐年走高，现已超过20%。石油和天然气开采业，石油加工、炼焦和核燃料加工业逐年走低，前者从接近20%下降到15%以下，后者从接近15%下降到接近10%；电力、热力生产和供应业也是黑龙江省的支柱性行业，占比在8%~10%徘徊；食品制造业，木材加工和木、竹、藤、棕、草制品业，化学原料和化学制品制造业，非金属矿物制品业产值占比均为2%~5%。以上结果说明黑龙江省一直以来依赖的石油和天然气开采业已经不能对经济增长形成有效支撑，石油加工、炼焦和核燃料加工业也不再具有很强的竞争力，只有农副食品加工业的占比逐年增加，区内产值比重占比较大，

传统产业发展仍面临较大困难。

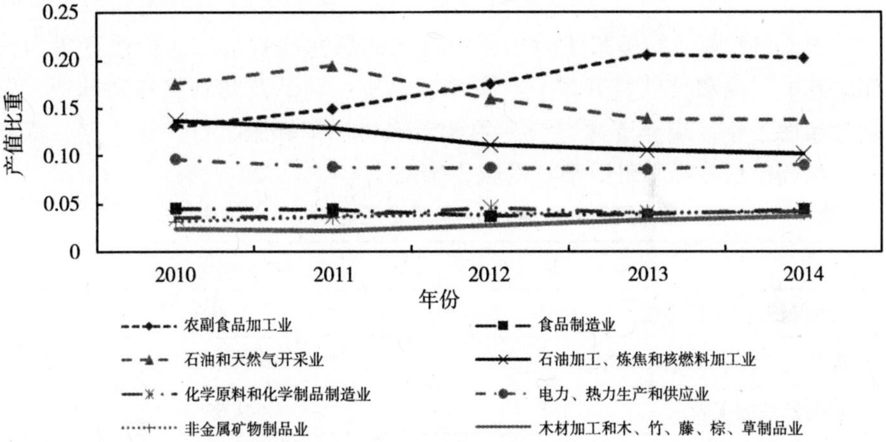

图 4-17　2010—2014 年黑龙江省主要“老字号”“原字号”产业区内产值比重变化趋势

从 2010—2014 年黑龙江省主要“新字号”产业区内产值比重变化趋势（图 4-18）来看，通用设备制造业和专用设备制造业都呈现下降态势，2014 年两个产业占比分别达到 3%和 2%。医药制造业、电气机械和器材制造业的产值占比变化不大，前者位于 2%～3%，后者位于 1%～2%。计算机、通信和其他电子设备制造业占比不到 1%。

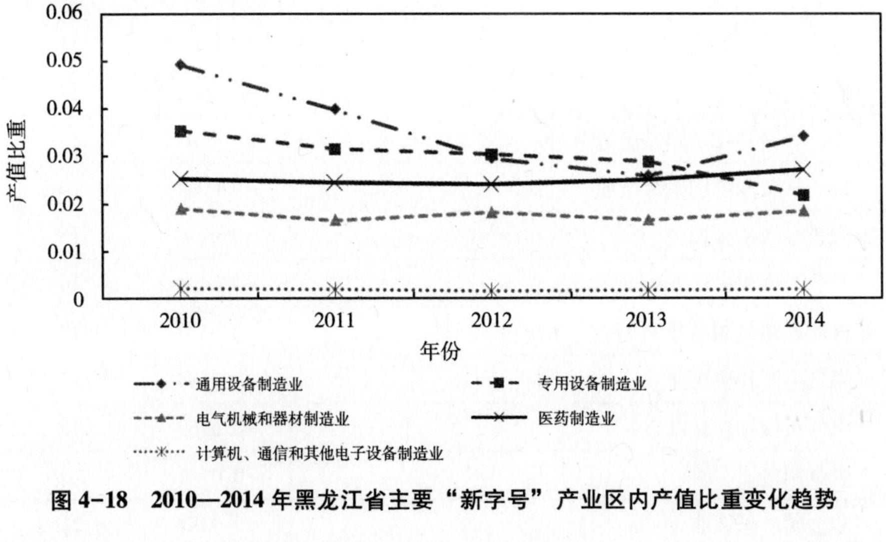

图 4-18　2010—2014 年黑龙江省主要“新字号”产业区内产值比重变化趋势

4.4.4 基于因子分析的产业竞争力评价

表4-12显示的是基于因子分析得出的黑龙江省各工业行业竞争力排序。其中石油和天然气开采业，皮革、毛皮、羽毛及其制品和制鞋业，农副食品加工业，废弃资源综合利用业，木材加工和木、竹、藤、棕、草制品业综合得分较高，可以重点发展。

表4-12　　基于因子分析的2014年黑龙江省工业行业排序

行　业	得分	位次
石油和天然气开采业	1.6038	1
皮革、毛皮、羽毛及其制品和制鞋业	1.1828	2
农副食品加工业	0.8553	3
废弃资源综合利用业	0.5772	4
木材加工和木、竹、藤、棕、草制品业	0.3004	5
食品制造业	0.2922	6
计算机、通信和其他电子设备制造业	0.2820	7
纺织服装、服饰业	0.1000	8
文教、工美、体育和娱乐用品制造业	0.0823	9
非金属矿物制品业	0.0768	10
电力、热力生产和供应业	0.0745	11
医药制造业	0.0509	12
化学原料和化学制品制造业	0.0361	13
酒、饮料和精制茶制造业	-0.0044	14
黑色金属矿采选业	-0.0244	15
有色金属矿采选业	-0.0431	16
橡胶和塑料制品业	-0.0433	17
燃气生产和供应业	-0.0684	18
电气机械和器材制造业	-0.0769	19
家具制造业	-0.0781	20
非金属矿采选业	-0.0837	21

续表 4-12

行　　业	得分	位次
造纸和纸制品业	-0. 1040	22
印刷和记录媒介复制业	-0. 1158	23
铁路、船舶、航空航天和其他运输设备制造业	-0. 1237	24
金属制品业	-0. 1356	25
烟草制品业	-0. 1675	26
专用设备制造业	-0. 1728	27
通用设备制造业	-0. 1834	28
仪器仪表制造业	-0. 2013	29
纺织业	-0. 2105	30
金属制品、机械和设备修理业	-0. 2942	31
化学纤维制造业	-0. 3195	32
有色金属冶炼和压延加工业	-0. 3217	33
水的生产和供应业	-0. 3533	34
石油加工、炼焦和核燃料加工业	-0. 3660	35
汽车制造业	-0. 4697	36
煤炭开采和洗选业	-0. 7081	37
黑色金属冶炼和压延加工业	-0. 8447	38

但是石油和天然气开采业的生产率已经出现下降，应当关注资源利用效率和开采的可持续性。与此同时，黑色金属冶炼和压延加工业，煤炭开采和洗选业，汽车制造业，石油加工、炼焦和核燃料加工业，水的生产和供应业的因子得分较低，是不宜于重点发展的行业。

4.5 东三省“老字号”“原字号”“新字号”产业竞争力分析

4.5.1 辽宁省“老字号”“原字号”“新字号”产业竞争力分析

由表 4-1 至表 4-4 可以看出，黑色金属矿采选业、黑色金属冶炼和压延工业在竞争力综合得分方面分列第一和第五位。其中，黑色金属矿采选业的比较优势系数和生产率系数在所有产业中均排在第一位，而黑色金属冶炼和压延加工业的产值规模在所有产业中排名第一位，其产值规模达到辽宁省总产值的10%，但其生产率排名最后一位，说明钢铁行业无论在矿石采选方面，还是在冶炼加工方面都已成为辽宁省工业发展的支柱性产业。此种纯粹的“老字号”“原字号”产业规模庞大，对税收和就业影响深远。但生产率在所有行业中排名最后一位，充分说明“老字号”传统行业若不进行有效的升级改造，将严重影响到未来经济发展的可持续性。

皮革、皮毛、羽毛及其制品和制鞋业虽规模不大，但比较优势和生产率排名都在第二位，说明该产业已经成为辽宁省的优势行业，今后该行业发展的重点应该在于将总体规模做大。

农副食品加工业，非金属矿物制品业和通用设备制造业都属于“老字号”行业，分列第三、四、六名。在规模和比较优势上较高的得分使这三个行业在综合系数上排名靠前，但生产率排名却不太理想，分别在第十六、二十一和三十一位。提升效率是这些行业做强的关键，今后工作的重心应在于农副产品深加工，非金属矿物新材料开发，以及高技术环保装备制造等方面。

金属制品、机械和设备修理业的比较优势明显，但规模较小，排在综合系数第八位，仍需要做大做强；有色金属行业属于“老字号”“原字号”产业，有色金属矿采选业受资源限制规模较小，排在第十七位；有色金属冶炼和压延加工业的生产效率有待提升，排名第九。目前辽宁有色金属冶炼和压延加工业多为大型国有企业，应从产权改革和市场化方面入手，进一步提升行业运行效率。

汽车制造业也属于辽宁省的“老字号”行业，总排名第十位。虽然产值规模占工业总规模的6%以上，但此行业仍需要解决生产率偏低的问题，产业升级转型的重点应放在自主品牌的培养和新能源汽车研发上面，提升产品的市场竞争力和市场开发力度。

木材加工和木、竹、藤、棕、草制品业属于“原字号”行业，但受限于规模不足，排在第十一位；石油加工、炼焦和核燃料加工业属于“老字号”“原字号”产业，排在第十二位，尽管在规模方面高居第三，产值规模占总量的8%以上，但该产业与全国平均水平相比已无比较优势，位列比较优势系数排名的最后一位。尤其在比较成本费用利润率方面排位最后，说明该行业与全国平均水平相比消耗了更多的成本，却只能得到更少的利润，未来需要限制其发展规模，进一步提升生产效率和赢利水平。

橡胶和塑料制品业和金属制品业也是辽宁省的“老字号”产业，产值都占总额的3%以上，但由于在生产率方面排名靠后，导致综合得分排在第十三和十四位；专用设备制造业总排名第十五位，也属于“老字号”产业，虽然在规模方面占工业总量的4%以上，排在第八位，但总体上生产效率较低，比较优势也不明显，未来仍需要向高端装备制造方向转型。

计算机、通信和其他电子设备制造业，以及铁路、船舶、航空航天和其他运输设备制造业都具有“新字号”产业特性，分别排在第十六和十八位，主要原因在于规模优势不明显，比较优势不突出。铁路、船舶、航空航天和其他运输设备制造业生产率排名较高，具备一定发展前景，但仍需向高端产品制造发展。医药行业也属于“新字号”产业，虽然该行业在辽宁省规模优势不大，但具备一定比较优势和生产率优势，可以考虑重点发展。

造纸和纸制品业，文教、工美、体育和娱乐用品制造业，家具制造业，纺织业，食品制造业，纺织服装、服饰业，仪器仪表制造业，酒、饮料和精制茶制造业，印刷和记录媒介复制业，烟草制品业，以及化学纤维制造业都属于轻工业，总排名均位于二十名之后，并且规模偏小，优势度不高，凸显出辽宁省工业结构中，重化工业比重仍然高于轻工业的现状。

化学原料和化学制品制造业也属于辽宁省的“老字号”产业，在规模上排名第七，产值占到辽宁省总产值的6%以上，但在比较优势和生产率方面排名靠后，导致综合得分较低，今后需要在规模上予以控制；电气机械和器材制造业也属于“老字号”产业，规模同样不小，排在第九位，但在比较优势和生产率方面排名同样靠后，需要进行升级调整。

电力、热力生产和供应业，燃气生产和供应业，以及水的生产和供应业综合排名靠后，尤其是电力、热力生产和供应业的规模占比较大，超过工业总量的3%，不宜进一步扩张；废弃资源综合利用业属于“新字号”行业，但在辽宁省的工业中，不论是比较优势、生产率，还是规模都排名靠后；煤炭开采和洗选业、石油和天然气开采业都是“原字号”行业，与全国水平相比完全不具备比较优势，规模占比方面也不高，已不适合重点发展。

4.5.2 吉林省“老字号”“原字号”“新字号”产业竞争力分析

由表4-5至表4-8可以看出，汽车制造业是吉林省具有绝对优势的“老字号”产业，也是吉林省长期以来的支柱产业。该行业在综合系数排名中位列第一，其中，比较优势系数和绝对规模占比都排在第一位，充分体现出吉林省汽车制造大省的优势地位。但也应看到，吉林省汽车制造业的生产率排名不理想，比较优势较高也主要源于较高的规模集中度。因此，该产业今后发展的重点应在于提升行业效率方面。

石油加工、炼焦和核燃料加工业属于“老字号”“原字号”产业，综合系数排在第二位。但该行业在生产率和产值比重方面排名靠后，其较高的综合系数主要归功于较高的比较工业成本费用利润率，说明该行业经济效益情况较好，但应进一步提升生产效率和产品附加值。

计算机、通信和其他电子设备制造业，医药制造业以及铁路、船舶、航空航天和其他运输设备制造业都具有“新字号”产业特征，综合系数分别排在第三、第五和第六位。计算机、通信和其他电子设备制造业在比较产值利税率和比较成本费用利润率两方面都具有优势，显示出较强的赢利能力，但规模仍需要做大；医药制造业的比较优势较大，且产值规模占比较大，具有较好的发展前景，未来应以提高产品质量和生产效率为主要改进方向。铁路、船舶、航空航天和其他运输设备制造业一直是吉林省的特色产业，比较优势十分明显，经济效益相对较高，是吉林省应该重点开展的主要产业。废弃资源综合利用业也属于“新字号”行业，总体排名第八，在吉林省的工业部门中，具有一定的赢利能力，但规模排名靠后，做大规模是今后发展的重点方向。

农副食品加工业的综合系数排名第四，比较优势、生产率和产值规模占比分别排在第三、第二和第二位，属于“老字号”行业，同时也是吉林省的支柱行业，产值占到吉林省总产值的13%以上。今后该产业调整改进的重点方向在于提升经济效益，延伸产业链，培育龙头企业，提升品牌影响力和市场竞争力。

印刷和记录媒介复制业，酒、饮料和精制茶制造业，仪器仪表制造业，以及文教、工美、体育和娱乐用品制造业属于轻工业，大体上都排在十名左右。印刷和记录媒介复制业，经济效益相对较好，但规模较小；酒、饮料和精制茶制造业规模较大，但生产率较低；仪器仪表制造业及文教、工美、体育和娱乐用品制造业的生产率和规模优势不太明显，无法达到主导产业的发展标准。

木材加工和木、竹、藤、棕、草制品业属于“原字号”行业，规模占比较大，排在第八位，属于吉林省的特色产业，未来发展应将重点放在提升经济效益方面；化学原料和化学制品制造业属于吉林省的“老字号”产业，在规模上排名第三，产值占到吉林省总产值的6%以上，但由于比较工业成本费用利润率较低，导致比较优势排名在第十位，说明该行业应该进一步提升经济效益。

非金属矿物制品业属于“老字号”产业，产值占比超过6%，具有一定的规模优势，但经济效益不高；有色金属冶炼和压延加工业和有色金属矿采选业都是“老字号”和“原字号”行业，但这两个行业占吉林省的工业产值比重较小，不成规模，不适于重点发展；烟草制造业和家具制造业这两个轻工业规模同样较小，生产率较低，无法成为主导产业；金属制品业、机械和设备修理业，以及金属制品业也面临规模小、生产率不高的困境，不适合重点发展。

石油和天然气开采业属于“原字号”行业，由于受资源禀赋限制，经济效益不高；而电力、热力生产和供应业，及燃气生产和供应业并不具备比较优势，尽管电力、热力生产和供应业产值占比较高，但不适合再继续扩大生产规模；通用设备制造业和专用设备制造业作为“老字号”行业，在综合系数排名中比较靠后，主要由于经济效益不突出。

橡胶和塑料制品业，以及非金属采矿业的问题是规模较小，并且在成本费用利润率方面不具有优势；造纸和纸制品业，食品制造业，纺织业，皮革、皮毛、羽毛及其制品和制鞋业，化学纤维制造业，以及纺织服装、服饰业均为轻工业，排名比较靠后，说明吉林省同样存在产业结构过重的问题。以上行业均无比较优势，经济效益较差，不适合重点开展；与辽宁省不同的是，黑色金属矿采选业，及黑色金属冶炼和压延加工业在吉林省开展的情况并不理想，前者规模较小，后者虽具有一定规模，但缺少比较优势；煤炭开采和洗选业属于“原字号”产业，该产业在吉林省并不具备比较优势，在生产率和规模上排名也较低，不适合重点开展。

4.5.3 黑龙江省“老字号”“原字号”“新字号”产业竞争力分析

由表 4-9 至表 4-12 可以看出，凭借黑龙江省丰富的油气资源，石油和天然气开采业综合排名第一。该行业属于“老字号”“原字号”行业，也是黑龙江省长期以来的主导产业。然而，除比较优势和规模占比分别排在第一和第二位外，生产效率较低是值得注意的问题。对于产值占比超过13%的行业来说，能否实现效率和质量的提升对黑龙江省经济至关重要。

皮革、皮毛、羽毛及其制品和制鞋业综合系数排名第二位，也属于“原字号”产业。该行业的比较优势十分明显，虽然比较集中度较高，生产效率还排在第一位，但整体规模占比不到1%，在资源较为丰沛的前提下，可以考虑作为特色行业发展。

农副产品加工业和食品制造业是黑龙江省的“老字号”行业，也是长期以来的支柱性行业。农副产品加工业的产值占比已经超过20%，排名第一，食品制造业占到总量的4%以上，排名第五。可以看出，作为农业大省，这两个行业在工业发展中也占据举足轻重的地位。需要注意的是，这两个行业虽具有一定的比较优势，但生产率情况不理想，需要通过机械化、智能化、产业化发展进一步提升产业竞争力，在产业升级调整中注重生产效率的提高。

废弃资源利用业属于“新字号”产业，在综合排名中位列第四，尽管在规模上比较小，但该行业在利润方面，相对于全国平均水平具有很强的比较优势，这说明废弃资源利用业在黑龙江省有一定的发展前景。同时也能帮助其他资源型产业提升经济效益，可以考虑作为特色产业发展。

木材加工和木、竹、藤、棕、草制品业属于黑龙江省的“老字号”“原字号”行业，作为传统优势特色产业综合排名第五位，规模占比超过总量的3%，排在第八位。但该行业生产效率偏低，赢利方面不具有比较优势，未来调整重点应放在提升经济效益方面。

计算机、通信和其他电子设备制造业，以及医药制造业都属于“新字号”产业，综合系数分别排在第七和第十二位。两个行业在利润方面的比较优势十分明显，但其他方面各有不足。计算机、通信和其他电子设备制造业主要是规模占比较小，未形成产业集聚和规模效益；医药制造业存在一定规模，占比接近3%，但仍需要解决生产效率问题，可以发展成为主导产业。

纺织服装、服饰业，以及文教、工美、体育和娱乐用品制造业属于轻工业，综合系数分别排在第八和第九位。这两个行业都不是黑龙江省传统的优势行业，规模占比较小，分别排在第二十九和第三十一位，虽然具有一定比较优势，但规模不足仍旧是产业发展的最大障碍；非金属矿物制品业，以及电力、热力生产和供应业属于黑龙江省的“老字号”产业，综合排在第十和第十一位，产值规模分别占总量的4%和9%以上，排在第七和第四位。然而两个行业也面临不同的问题，非金属矿物制品业在利润方面具备一定的比较优势，但生产率不高。电力、热力生产和供应业则没有任何比较优势，且生产率同样排名靠后，无法重点开展。

化学原料和化学制品制造业在黑龙江省工业总规模中占比较大，超过4%，排在第六位，并且该行业在利润方面还具有一定的比较优势，今后发展的重点应在于提升生产效率；酒、饮料和精制茶制造业，以及橡胶和塑料制品业规模小，并且赢利方面没有比较优势；黑色金属矿采选业，有色金属矿采选业和非金属矿采选业属于“原字号”行业，总排名位列中游，受到资源禀赋限制，规模较小，虽然在生产率方面表现不错，但是否值得重点发展还应根据资源状况决定。

燃气生产和供应业的市场化程度不高，并不能成为主导产业；电器机械和器材制造业规模不够大，也无比较优势，不适合重点开展；家具制造业，造纸和纸制品业，印刷和记录媒介复制业，烟草制品业，纺织业，以及化学纤维制造业均属于轻工业，综合系数排名靠后，并不是黑龙江省的优势产业，同时规模占比较小，不适合重点发展。

铁路、船舶、航空航天和其他运输设备制造业具有“新字号”产业特征，但在黑龙江省并无比较优势，发展也未形成规模，不适合重点发展；金属制品业，以及金属制品、机械和设备修理业同样不是黑龙江省的优势产业，生产率方面表现较差，需要限制发展；专用设备制造业和通用设备制造业的联合产值可以达到工业总产值的5%以上，但问题在于比较优势和生产率较低，今后重点应关注于经济效益的提升。

仪器仪表制造业的生产效率不低，但缺少比较优势和规模优势，无法作为主导行业；有色金属冶炼和压延加工业，以及黑色金属冶炼和压延加工业属于“原字号”行业，规模占比不高，无比较优势，需要限制发展；石油加工、炼焦和核燃料加工业也是黑龙江省的“老字号”行业，虽然规模优势排在第三位，但在赢利方面有待改善，应该成为今后升级改造的重点产业；煤炭开采和洗选业也面临同样的问题，虽有一定规模占比，但获利能力薄弱，生产率较低。

4.6 东三省主导产业选择与产业升级方向

根据东北地区三个省份的工业产业竞争力测算，以及对“老字号”“原字号”“新字号”产业的竞争力分析，参考各行业在比较优势，生产率和规模占比方面的情况，结合综合系数分析结果，选出适合辽宁、吉林、黑龙江省重点开展的主导产业。

在辽宁省主导产业选择中，以因子分析的产业竞争力综合评价为基础，将排名前二十位的产业作为备选产业。再对生产率较低，受资源限制的“原字号”产业进行排除，如非金属矿采选业，木材加工和木、竹、藤、棕、草制品业，有色金属矿采选业。最后排除生产率较低的橡胶和塑料制品业，以及无比较优势的化学原料和化学制品制造业，得到辽宁省 15 个主导产业（表 4-13）。

表 4-13　　辽宁省工业主导产业选择

行　业	优　势	改进方向
黑色金属矿采选业	比较规模优势，生产率优势	提升赢利能力
黑色金属冶炼和压延加工业	绝对规模优势，比较规模优势	提升技术生产效率
农副食品加工业	绝对规模优势，比较规模优势	提升赢利能力
非金属矿物制品业	绝对规模优势，比较规模优势	提升生产效率和赢利能力
金属制品、机械和设备修理业	比较规模优势，比较劳动生产率优势	提升绝对规模和赢利能力
金属制品业	绝对规模优势，比较规模优势	提升技术生产效率和赢利能力
有色金属冶炼和压延加工业	综合比较优势，绝对规模优势	提升生产效率
汽车制造业	综合比较优势，绝对规模优势	提升技术生产效率
石油加工、炼焦和核燃料加工业	生产效率优势，绝对规模优势	提升赢利能力
通用设备制造业	绝对规模优势	提升赢利能力和生产效率
专用设备制造业	绝对规模优势	提升赢利能力和生产效率
铁路、船舶、航空航天和其他运输设备制造业	规模优势，生产率优势	提升赢利能力
计算机、通信和其他电子设备制造业	赢利优势	提升规模和生产效率

续表 4-13

行　业	优　势	改进方向
医药制造业	比较规模优势	提升规模和生产效率
皮革、毛皮、羽毛及其制品和制鞋业	综合比较优势，生产率优势	提升规模

在辽宁省主导产业中，冶金部门一直是最重要的产业部门，从黑色金属矿采选业，到黑色金属冶炼和压延加工业，有色金属冶炼和压延加工业，再到金属制品业，金属制品、机械和设备修理业，已经形成了比较完备的金属采矿、冶炼和加工产业链，联合产值占比接近辽宁省工业总产值的五分之一，冶金部门发展的好坏直接关系辽宁省的经济发展水平。目前相关行业表现出的问题在于规模基础雄厚，但生产效率和赢利能力不足。产业改造的重点应着眼于大中型国企运营体制机制的改革，老旧落后产能的淘汰，及生产技术和产品的升级创新方面，同时生产方式的绿色化，工业废物的循环利用也是产业调整工作需要关注的部分。

辽宁省在汽车制造业，通用设备制造业，专用设备制造业，铁路、船舶、航空航天和其他运输设备制造业等方面具备一定的基础优势，但也面临产业大而不强，产品创新乏力等问题。当前装备制造业改革重点应在于产品的创新，两化融合水平的提升，以有效解决产业效益不佳的问题。

农副食品加工业，非金属矿物制品业，石油加工、炼焦和核燃料加工业，皮革、毛皮、羽毛及其制品和制鞋业都是以原材料加工为主的生产部门。农副食品加工业主要应向精深加工、特色加工方向发展；非金属矿物制品业应主要向新材料研发方向改进；石油加工、炼焦和核燃料加工业应主要向技术创新和降低能耗方向改进；皮革、毛皮、羽毛及其制品和制鞋业应向特色化，品牌化，设计、生产、销售一体化方向发展。此外，医药制造业是近年发展较快的行业，重点应在于提升行业规模和产品层次，打造品牌影响力等方面。

在吉林省主导产业选择中，基于因子分析的产业竞争力综合评价，再考虑到个别产业集中度较高，将排名前十五位的产业作为主要备选产业。对发展不成规模的产业进行排除，如石油加工、炼焦和核燃料加工业，计算机、通信和其他电子设备制造业，印刷和记录媒介复制业，废弃资源利用业，仪器仪表制造业，文教、工美、体育和娱乐用品制造业。一些无比较优势，生产率较低的“老字号”“原字号”产业也应进行排除，如酒、饮料和精制茶制造业，有色金属冶炼和压延加工业。最后将各方面比较优势平均，且在各工业部门生产中发挥重要作用的通用设备制造业和专用设备制造业列为主导产业。由此得到吉林省9个工业主导产业（表4-14）。

表4-14 吉林省工业主导产业选择

行业	优势	改进方向
汽车制造业	综合比较优势，绝对规模优势	提升生产率
农副食品加工业	综合优势	提升赢利能力
医药制造业	绝对规模优势，比较规模优势	提升生产率和赢利能力
铁路、船舶、航空航天和其他运输设备制造业	综合比较优势	提升规模和技术效率
木材加工和木、竹、藤、棕、草制品业	比较规模优势，绝对规模优势	提升赢利能力和生产率
化学原料和化学制品制造业	绝对规模优势	提升赢利能力和生产率
非金属矿物制品业	绝对规模优势	提升赢利能力和生产率
通用设备制造业	绝对规模优势，综合效率优势	提升赢利能力
专用设备制造业	绝对规模优势，综合效率优势	提升赢利能力

交通运输设备制造集群是吉林省工业生产规模最大的集群，涉及的汽车制造业，铁路、船舶、航空航天和其他运输设备制造业，通用设备制造业，专用设备制造业总规模已接近吉林省工业总量的三分之一，对吉林省经济发展的重要性不言而喻。但同时需注意到，交运设备制造行业也存在自主品牌发展滞后，零部件配套不足等问题。这迫切需要提升企业的自主研发能力，加快自主品牌建设，提升零部件供应能力。

医药制造业，化学原料和化学制品制造业所组成的化工医药产业集群是吉林省的第二大产业集群，产值占工业总产值的13%，是吉林省一直以来的优势产业。当前化工医药行业的发展需立足于规模优势，向精细化工、生物医药、中成药等领域推进，继续完善产业链条，打造特色产品，提升品牌价值。

农副食品加工业，木材加工和木、竹、藤、棕、草制品业，非金属矿物制品业是三个以原材料加工为主的主导产业。其中，农副食品加工业在工业中占比较高，规模优势明显，但仍需提升产品加工深度及附加值，积极培育特色农副产品品牌；木材加工和木、竹、藤、棕、草制品业面对资源约束应急切提升木材的综合利用率，并通过提升质量管理水平打造更具竞争力的产品；非金属矿物制品业同样需要在新型建筑材料、新型功能性材料的研发方面有所重视。

在黑龙江省主导产业选择中，参考之前的选择思路，以因子分析的产业竞争力综合评价为基础，将排名前十五位的产业作为主要备选产业。再对发展不成规模的产业进行排除，如皮革、毛皮、羽毛及其制品和制鞋业，废弃资源利用业，计算机、通信和其他电子设备制造业，纺织服装、服饰业，文教、工美、体育和娱乐用品制造业，黑色金属采矿业。同样将无比较优势，生产率较低的电力、热力生产和供应业排除。最后加入产值占比较高，对黑龙江省经济发展起到带动和支撑作用的石油加工、炼焦和核燃料加工业，通用设备制造业，专用设备制造业。由此得到十一个黑龙江省工业主导产业（表 4-15）。

表 4-15　黑龙江省工业主导产业选择

行　业	优　势	改进方向
石油和天然气开采业	综合比较优势，绝对规模优势	提升技术生产效率
石油加工、炼焦和核燃料加工业	绝对规模优势	提升赢利能力
农副食品加工业	比较规模优势，绝对规模优势	提升技术生产效率和赢利能力
食品制造业	综合比较优势，绝对规模优势	提升综合生产率
酒、饮料和精制茶制造业	比较规模优势，绝对规模优势	提升综合生产率
木材加工和木、竹、藤、棕、草制品业	比较规模优势，绝对规模优势	提升赢利能力和技术生产率
非金属矿物制品业	赢利比较优势，绝对规模优势	进一步扩大规模和提升生产率
医药制造业	综合比较优势，绝对规模优势	提升综合生产率
化学原料和化学制品制造业	赢利比较优势，绝对规模优势	提升综合生产率
通用设备制造业	绝对规模优势	提高赢利能力和生产率
专用设备制造业	绝对规模优势	提高赢利能力和生产率

由农副食品加工业，食品制造业，酒、饮料和精制茶制造业所组成的食品工业集群是黑龙江省最大的工业集群，工业产值占比超过 27%。依托于庞大的产业规模，当前食品工业应继续深化和完善产业链条，打造品牌知名度，提升生产效益。

由石油和天然气开采业，石油加工、炼焦和核燃料加工业，化学原料和化学制品制造业所组成的石化产业集群是黑龙江省仅次于食品工业的第二大集群。但当前该产业群应改变以往单纯依靠资源禀赋的发展模式，积极寻求技术装备升级，以降低生产成本和环境污染。同时优化产品结构，向精细化工、高附加值项目倾斜。此外，医药制造业也是黑龙江省工业行业中具有一定规模的产业，但主要产品仍以化学原料药和中成药为主，缺少生物制药、生化制药产品，应进一步完善产品结构，提升产业集聚，将规模进一步做大。

木材加工和木、竹、藤、棕、草制品业，非金属矿物制品业作为黑龙江省“原字号”产业，前者应更加注重原材料的综合利用率、附加值和质量管控水平的提升；后者应向新型材料的研发和生产方面推进。而通用设备制造业和专用设备制造业应紧紧围绕农业，食品工业、石化工业、材料工业等产业群，提升产品的研发和设计水平，为工农业生产提供高质量的装备保障。

4.7 本章小结

经济结构调整的关键在于产业的转型升级，面对东北地区原有的重化工业和原料工业为主的产业结构，绝不能对原有支柱行业“一刀切”。现有的“老字号”“原字号”产业在新的经济发展形势下也不是毫无优势可言的。正确的经济结构调整应基于对现有产业发展现状，包括产业优势和劣势的系统掌握，有针对性地提出“老字号”“原字号”产业调整的具体方向，以及“新字号”产业快速发展的途径。本章通过对东北三省各工业部门的竞争力测算，深刻剖析了各产业的发展状态和优劣势，提出各省未来适合发展的主导产业，明确产业未来的改进方向。

第 5 章 东北地区创新竞争力研究

区域创新能力是一个国家或区域获取竞争优势的关键。创新作为竞争优势的重要来源，为区域持续发展提供强大动力，提升创新竞争力是提升区域经济增长的质量和效益、加快转变经济发展方式的本质要求。东北地区作为我国重要的老工业基地，多年的基础设施投入，已经形成石油、煤炭、机械、钢铁等较为完整的工业体系，拥有众多关乎国民经济的战略产业。长期以来东北地区单一的产业结构、粗放型的生产模式使东北地区在实现创新驱动转型过程中困难重重。东北地区要实现由要素驱动向创新驱动的经济增长方式转变，必须实现创新竞争力的提升。本章基于因子分析法分析东北三省 2004 年和 2014 年的创新竞争力，以期为东北地区由要素驱动模式向创新驱动模式转变提出相关政策建议。

5.1 比较样本区域选择

东北地区在国民经济发展中的重要地位，决定了东北振兴将成为我国产业转型以及创新升级的前沿。但是，东北地区的创新竞争力与其他地区相比仍然存在一定的差距。分析东北地区创新竞争力存在差距的原因以及影响因素，成为提升东北地区创新竞争力的关键。

不同区域的经济发展水平与区域创新能力息息相关。为了对东北地区产业创新竞争力进行客观、科学的分析，找出其存在的问题，为政策的制定提供科学的理论依据，选择东北地区（辽宁、吉林、黑龙江）、东部沿海地区（上海、江苏、浙江）、南部沿海经济区（广东、广西、福建）、北部地区（北京、天津、河北）共计12个省（区）作为样本分析对象，通过不同区域的横向比较以及东北地区的内部比较，分析影响东北地区创新竞争力的相关因素，从创新投入能力、创新发展潜力、创新政策环境以及创新经济环境四个层面形成东北地区创新竞争力评价指标体系，阐释东北地区产业创新竞争力的演变。

5.2 创新竞争力评价指标体系

东北地区实现创新驱动发展需要不断提升其创新竞争力。创新竞争力的形成是一个投入与产出的过程，创新竞争力的衡量不仅仅表现为研发投入和研发产出，还表现为其对社会产生的影响。因此，基于上述要素构建创新竞争力评价体系，形成创新投入能力、创新发展潜力、创新政策环境和创新经济环境等四个维度的评价指标。

从创新投入能力角度出发，创新是在前期创新成果基础上的知识形成和技术累积，通过进一步推动创新技术发展，形成创新体系的科学运行。基于内生增长模型的知识生产函数，新知识的增长取决于一个国家或地区投入到新知识生产中的人力资本和开发新知识人力资本所拥有的知识存量（李伟民，2015）。创新投入是维持知识存量增长的有效途径，是创新活动开展和创新体系科学运行的基础保障。基于数据的可获得性，选择各地区的研发经费内部支出和研发人员数作为考量，研发经费内部支出和研发人员的创新投入能力是实现区域创新竞争力的基础和有力保障，全面反映了地方对创新投入的贡献水平，失去了创新资源的投入，也就等于破坏了创新竞争力的物质基础。实现东北振兴，必须提升东北地区创新投入能力，这是推进东北地区结构调整以及提升产业竞争力的前提。

从创新发展潜力角度出发，区域发展潜力是区域创新竞争力的重要维度，反映了区域创新活动能否顺利进行，是实现区域经济发展的基础保障。创新发展潜力水平取决于创新产出的成果与品质，以专利申请量作为衡量区域创新发展潜力的指标。一个地区的专利申请量反映了该地区的技术发展是否活跃，专利申请量越多，表示一个地区的创新能力越高，区域的经济增长活力越充分，区域创新潜力就越大，实现创新驱动发展的可能性越高。

从创新政策环境角度出发，无论是创新投入的实施，还是创新发展潜力的衡量，甚至是创新经济环境，都与创新政策环境有关。创新政策环境影响企业、高等院校、科研院所是否有意愿进行创新，以及创新成果能否转化。创新政策环境反映地方政府对创新发展的投入力度、发展态度以及关注程度。良好的创新政策环境是创新活动的催化剂，是推动创新活动的一系列制度安排。创新政策环境越开放，企业、高等院校、科研院所的创新动力越足，创新技术实现产业化的可能性越高。由于数据的可获得性，以全社会固定资产投资总额、出口额、实际利用外资额作为衡量创新政策环境开放度的指标。

创新经济环境是实现创新投入稳步推进的重要保障。创新经济环境不仅体现了区域经济和社会发展的基础和能力，也反映了政府对于实施创新的政治态度，以及对创新竞争能力发展的关注。以地区生产总值、地方财政收入、地方财政支出、社会消费品零售总额、城镇居民可支配收入作为衡量创新经济环境的指标。

为了保证计算结果客观、准确，同时为实现上述目标，在构建创新竞争力评价指标体系过程中，同时遵循科学性、可操作性、完备性及系统性的原则。基于对创新竞争力内涵的界定，综合考虑现有的统计数据可获得性，参考陈志（2009）、潘霞（2013）等对产业竞争力的评价指标体系的构建，形成对创新投入能力、创新发展潜力、创新政策环境和创新经济环境的三级指标体系，基于一级、二级、三级体系，形成创新竞争力评价体系（表5-1）。

表5-1　　创新竞争力评价指标体系

一级	二级	三级
创新竞争力	创新投入能力	研发人员数/（万人/年）
		研发经费内部支出/亿元
	创新发展潜力	专利申请数/件
	创新政策环境	全社会固定资产投资总额/亿元
		出口额/亿美元
		实际利用外资额/万美元

续表 5-1

一级	二级	三级
创新竞争力	创新经济环境	地区生产总值/亿元
		地方财政收入/亿元
		地方财政支出/亿元
		社会消费品零售总额/亿元
		城镇居民可支配收入/元

5.3 基于因子分析的创新竞争力评价

本章的指标数据来自中国统计年鉴、中国科技统计年鉴、各地区地方统计年鉴和各地方科技统计年鉴。收集了自 2003 年东北振兴战略提出以来 12 个样本地区的相关数据，数据年份为 2003—2014 年。为了进一步分析东北地区创新竞争力的变化，以及东北地区与我国其他地区在创新投入能力、创新发展潜力、创新政策环境和创新经济环境方面的差别，特别以 2004 年和 2014 年为两个时间节点，通过比较 2004 年和 2014 年东北地区创新竞争力在 12 个样本地区的创新竞争力排位情况，分析东北地区在全国创新竞争力水平方面的变化，分析东北地区创新竞争力变化的原因以及创新竞争力提升的相关建议。

5.3.1 基于因子分析的 2004 年地区创新竞争力

选取创新竞争力指标体系中的 11 个指标，运用 SPSS19. 0 软件对 2004 年的截面数据进行因子分析。由于 KMO 检验统计量为 0. 702>0. 7，适合采用因子分析法进行分析。通过主成分分析法对因子进行筛选，以累计方差贡献率大于 85% 为原则，可得前两个主因子的方差贡献率为 87. 456% (>85%)，因此确定 $F1$、$F2$ 为上述 12 个地区 2004 年创新竞争力的两个主因子。根据两个主因子对方差的贡献率进行赋权，具体见表 5-2。

$$F=0.67399F1+0.20057F2$$

表 5-2　　各因子所占权重

因子名称	权重/%	累计权重/%
*F*1 因子	67.399	67.399
*F*2 因子	20.057	87.456

直接运用 SPSS 软件进行计算，得出 2004 年我国 12 个地区创新竞争力各主因子得分排名和综合因子的排名情况（表 5-3）。

表 5-3　　2004 年我国 12 个地区创新竞争力各因子得分及排名

省（区）	*F*1 因子	*F*2 因子	综合排名	省（区）	*F*1 因子	*F*2 因子	综合排名
广东	1	3	1	河北	6	12	7
江苏	2	4	2	福建	7	8	8
浙江	3	5	3	黑龙江	8	9	9
上海	4	2	4	天津	10	6	10
北京	9	1	5	吉林	11	10	11
辽宁	5	7	6	广西	12	11	12

从表 5-3 的结果可以看出，2004 年具有创新竞争力的地区集中在东部沿海地区的上海、江苏、浙江以及南部沿海经济区的广东。一方面，东部沿海地区以及南部沿海地区是我国较早进行改革开放的示范区，开放的经济环境使这些区域更容易获得来自于国外以及地区外先进的创新技术、先进的管理经验以及先进的创业思想，不断推动创新竞争力的提升。相反，作为东北地区的辽宁、吉林、黑龙江三省，开放相对滞后，经济环境闭塞，国有企业体制固化，改革思想相对落后，在东北振兴未实施之前，创新竞争力处于落后的位置，分别为第六位、第九位和第十一位。辽宁省的创新竞争力相对较强，一方面辽宁作为连接关内和关外的重要隘口，具有较好的区位优势，有利于接受外部新技术；另一方面，源于辽宁省相对于吉林省和黑龙江省而言，装备制造业实力相对雄厚，技术能力相对较强。

5.3.2　2014 年我国 12 个地区创新竞争力各因子分析

选取创新竞争力指标体系中的 11 个指标，运用 SPSS19.0 软件对 2014 年的截面数据进行因子分析。由于 KMO 检验统计量为 0.539>0.5，说明适合因子分析。选择主成分分析法对因子进行筛选，以累计方差贡献率大于

85%为原则，可得前两个主因子的方差贡献率为 86.135%（>85%），因此确定 $F1$、$F2$ 为上述 12 个地区 2014 年创新竞争力的两个主因子。根据因子分析中两个主因子对方差的贡献率对两个主因子进行赋权，具体见表 5-4。

$$F=0.66786F1+0.19349F2$$

表 5-4　　各因子所占权重

因子名称	权重/%	累计权重/%
$F1$ 因子	66.786	66.786
$F2$ 因子	19.349	86.135

直接运用 SPSS 软件进行计算，得出 2014 年我国 12 个地区创新竞争力各主因子得分排名和综合因子的排名情况，具体见表 5-5。

表 5-5　　2014 年我国 12 个地区创新竞争力各因子得分及排名

省（区）	$F1$ 因子	$F2$ 因子	综合排名	省（区）	$F1$ 因子	$F2$ 因子	综合排名
江苏	1	6	1	河北	5	12	7
广东	2	4	2	福建	8	8	8
浙江	3	3	3	天津	9	5	9
北京	7	1	4	黑龙江	10	11	10
辽宁	4	7	5	吉林	11	9	11
上海	6	2	6	广西	12	10	12

从表 5-5 所示 2014 年创新竞争力结果来看，一方面，具有创新竞争力优势的地区集中在东部及南部沿海的江苏、浙江和广东；另一方面，东北三省的创新竞争力相对较低，辽宁省位于第五位，黑龙江省和吉林省分别为第十位和第十一位。2003 年实施东北振兴战略以来，为促进东北地区产业转型，国家在资金和政策方面对东北地区进行倾斜，希望通过进一步的政策支持实现东北地区的经济振兴。然而，从黑龙江省和吉林省的创新竞争力评价结果看，$F1$ 因子分列第十位和第十一位，$F2$ 因子分列第十一位和第九位，表明围绕东北振兴实施的一系列措施对东北地区创新竞争力提升效果不明显，或者说东北振兴仍然在进一步加强东北地区在全国的装备制造、原材料以及能源基地地位，对东北地区的创新竞争力提升重视不够，政策针对性不强，也从侧面反映出东北地区在创新竞争力方面与发达地区差距明显，这也是东北振兴面临的亟待解决的难题。不仅如此，东北地区

在实现创新驱动转型中，不仅需要加大创新投入，还需要进一步营造良好的区域创新政策环境、区域创新经济环境，以保障东北地区创新发展潜力的提升，推动创新成果转化，促进东北经济的转型升级。

5.4　我国 12 个地区创新竞争力综合分析

5.4.1　样本地区创新竞争力发展情况分析

综合比较 2004 年和 2014 年 12 个样本地区的创新竞争力情况，发现样本地区的创新竞争力排名并没有发生显著的变化，个别地区的创新竞争力有所提升或下降，但程度并不明显。

一方面，以江苏、广东、浙江为代表的东部沿海地区在创新竞争力上表现出压倒性优势，无论是 2004 年，还是 2014 年，综合排名分别为第一、第二和第三。北京和上海以及天津三个直辖市的表现只能说是差强人意，一方面，北京、上海、天津作为区域经济、政治、文化中心，集聚了大量的高水平人才，创新竞争力应该具有较高的水平，但北京、上海也只是在 2014 年排名第四位和第六位，而天津在创新竞争力方面短板明显，在 12 个地区中只排在第九位，相比 2004 年虽然有所提升，但仍然较低。考虑东北三省的创新竞争力情况，辽宁省的创新竞争力相对较高，在 2004 年处于第六位，2014 年处于第五位，在东北振兴策略的实施下，创新竞争力有所提升。然而，同样是东北地区的黑龙江省和吉林省存在较大差距，两项因子的综合得分都较低，2004 年分列第九位和第十一位，2014 年分列第十位和第十一位，这也说明东北振兴战略在促进东北地区创新竞争力提升方面仍然存在不足，这也是导致东北经济持续低迷的一个重要原因。因此，政府在制定产业政策时，需要侧重于提升东北地区的创新竞争力，优化东北地区创新投入结构，改善东北地区创新政策环境和创新经济环境，推进东北地区创新发展潜力的进一步提升。为了分析东北地区的创新竞争力差距存在的原因，进一步从东北地区创新投入能力、创新发展潜力、创新政策环境和创新经济环境等方面进行分析。

5.4.2　东北地区创新竞争力内部因素分析

从创新投入能力角度出发，比较 2003—2014 年东北三省与东部沿海地区的江苏、广东、浙江的研发经费内部支出及研发人员数量的情况，如图 5-1 和图 5-2 所示。

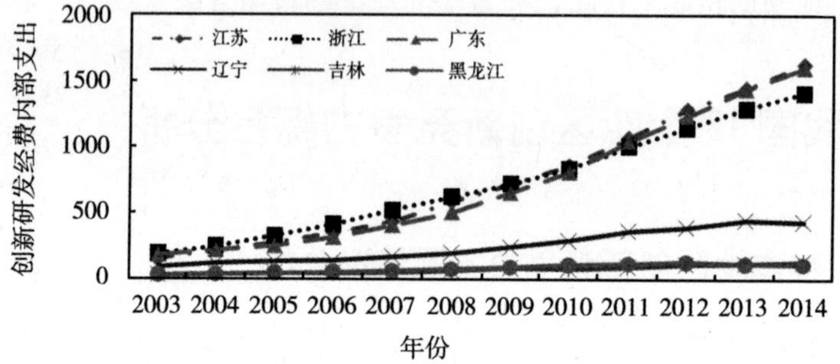

图 5-1　2003—2014 年我国东北三省与东部沿海地区创新研发经费内部支出情况

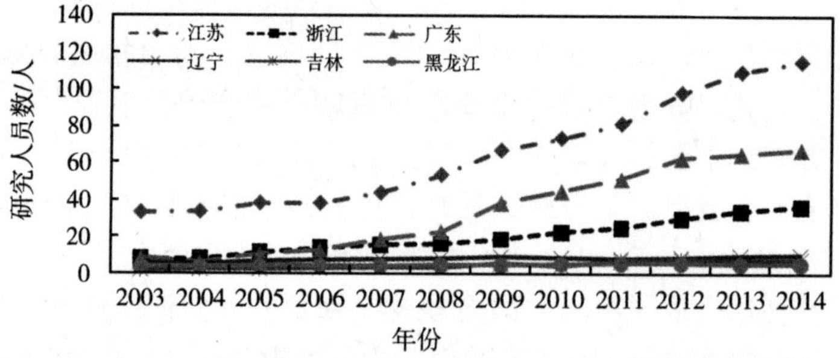

图 5-2　2003—2014 年我国东北三省与东部沿海地区研发人员数情况

从创新投入能力的角度出发，无论是研发经费内部支出，还是研发人员情况，东北地区在创新投入方面都远不及东部沿海地区，一方面是东北地区的创新投入相对较弱，这也许与东北地区国有企业占主导地位有关。国有企业的垄断地位，导致企业不愿意承担创新风险，创新动能不足。另一方面是东北地区研发人员数量相对薄弱，技术转移体制僵化也导致创新投入后续产业化能力不足。近年来，东北经济下滑，人才流失严重，导致东北地区创新投入能力不足。东北地区要实现创新驱动发展，提升东北地区的创新投入，改善东北地区创新投入环境仍然是未来实现东北地区转型的重要途径。

图 5-3 表示 2003—2014 年东北三省与东部沿海地区的江苏、广东、浙江的专利申请情况。

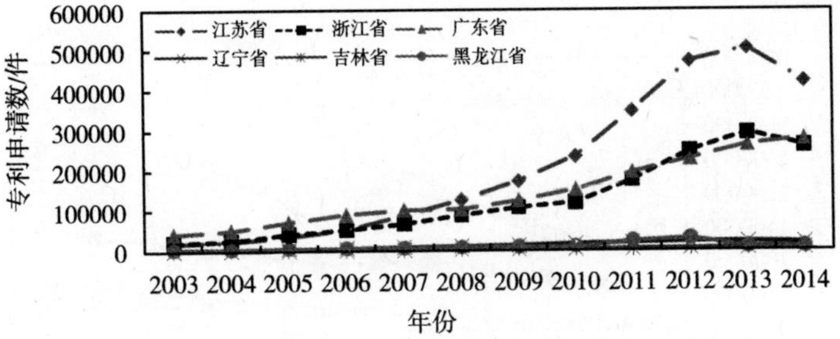

图 5-3　2003—2014 年我国东北三省与东部沿海地区专利申请数变化情况

从创新发展潜力角度出发，东北地区的创新发展潜力与江苏省、浙江省、广东省的差距较大，始终处于较低水平，说明东北三省对创新重视不够，可能的原因在于，一方面东北地区国有企业占比较大，国有企业的垄断性质决定了创新动力不足；另一方面部分国企宁愿购买最新的设备，也不愿意通过研发增强企业的市场竞争力，国有企业在掌握核心技术和关键设备制造方面差距明显，这也导致国有企业生产成本过高，市场竞争力不强。2014 年黑龙江省和辽宁省专利申请数量有所下降，而吉林省的专利申请数量维持较低水平的增长。东北地区创新发展潜力较低，与东北地区的创新制度环境有关，一方面，东北地区国有企业比重较大，而作为技术创新重要来源的民营企业相对较少，导致创新动能不足；另一方面，东北地区僵硬的体制、机制使得研发机构、个人在办理专利申请时手续烦琐，降低了其进行技术创新的动力。此外，东北地区创新发展潜力较低可能与东北地区较低的技术产业化水平有关。提升东北地区的创新竞争力，需要进一步提升东北地区的创新发展潜力，特别是在体制、机制层面形成创新，实现东北地区创新成果的转换。

从创新政策环境角度出发，选取东北三省和东部三省的实际利用外资额作为衡量区域创新开放程度的变化趋势。

从创新政策环境角度，东北地区的创新开放程度相对较高，尤其是辽宁省在 2003—2014 年实际利用外资额呈现上升态势，2005 年之后实际利用外资额的增长速率增加，可能源自东北振兴政策的滞后效果（图 5-4）。但是，吉林省和黑龙江省的实际外资利用额变化不大，说明其创新政策环境需要改善。本部分使用出口额、实际利用外资额反映东北地区创新政策环境的开放程度，创新开放程度越强，越容易吸纳更多的企业进入，形成良好的创新环境。

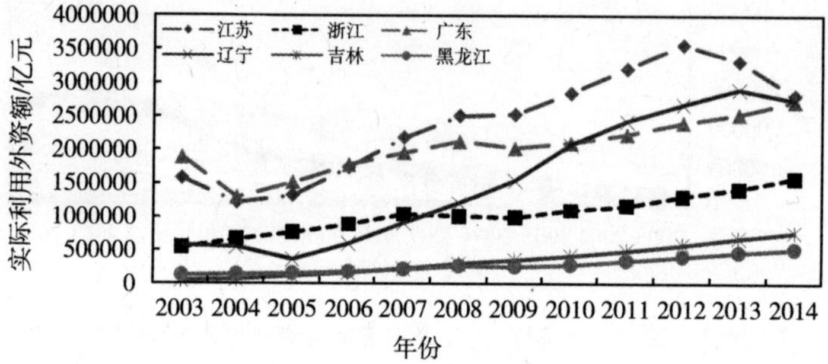

图 5-4　2003—2014 年我国东北三省与东部沿海地区实际利用外资额变化情况

考虑创新政策环境下的另一指标——全社会固定资产投资总额。全社会固定资产投资总额反映了各地区对产业发展环境的重视程度，全社会固定资产投资总额越高，对产业发展的重视程度越高，也越能反映出政府对创新的重视程度高。

图 5-5 反映了东北三省与东部沿海地区全社会固定资产投资总额的变化趋势，吉林省、黑龙江省的全社会固定资产投资相对于东部发达地区劣势明显，而辽宁省全社会固定资产投资额相对较高。但总体来看，东北地区的全社会固定资产投资总额仍在上升，表明东北地区开始注重创新环境政策的建设。

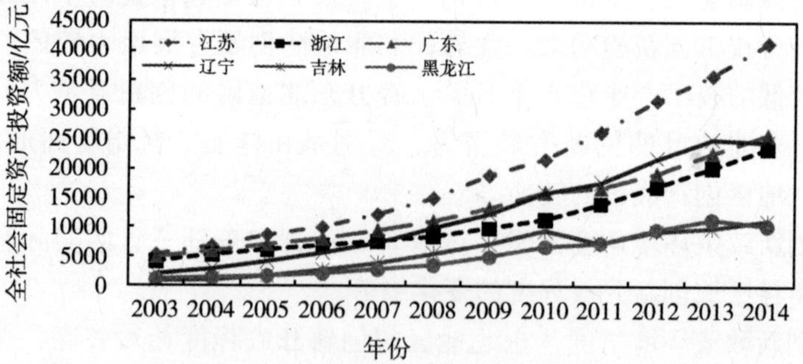

图 5-5　2003—2014 年我国东北三省与东部沿海地区全社会固定资产投资额变化情况

从创新经济环境角度看，东北三省地方财政支出与东部沿海地区存在差距，如图 5-6 所示。

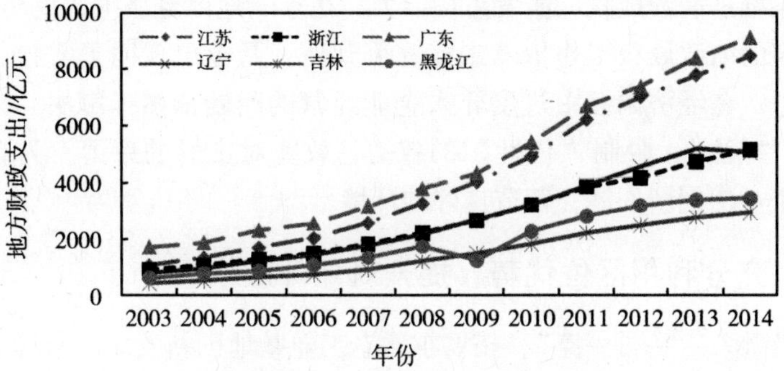

图 5-6 2003—2014 年我国东北三省与东部沿海地区地方财政支出变化情况

从创新经济环境层面来看，东北三省虽然与东部沿海地区的江苏、浙江、广东存在差距，但差距并不是很明显，说明东北地区地方财政支出在逐年增加，以推动东北地区的经济增长。然而，东北地区地方财政支出对创新能力支持仍有待加强。

无论是从创新投入能力、创新发展潜力、创新政策环境，还是从创新经济环境角度出发，东北地区在创新竞争力方面存在明显的差异，主要体现在创新投入能力和创新发展潜力层面。东北地区由要素驱动向创新驱动的转化过程中，需要进一步提升创新竞争力，需要在增加创新投入、提升创新发展潜力方面下功夫，包括东北振兴的财政支出需要适当向创新部门倾斜；加强体制机制创新，注重东北地区振兴政策在创新成果转化方面的激励机制形成，加快东北地区创新竞争力的提升。

5.5 提升东北地区创新竞争力对策建议

5.5.1 完善市场体系，优化市场环境

坚持企业为主体、市场为引导、政府为服务的观点，继续推动国有企业混合所有制改革，激发国有企业创新活力。东北地区国企创新改革应该准确把握深化国企改革创新的本质要求，推进国有企业混合所有制改革，引入非国有资本参与国企改革，放大国有资本功能，提高国有资本配置和运行效率。

深入推进简政放权，激发市场活力。在东北地区经济振兴的近几年里，各级政府的简政放权工作依然未能充分到位，乃至出现明紧实松、抓大放小等现象，在经济调控中过度介入企业经营的问题依然未解决。因此，必须做好“减法”，限制“任性”的权力，放宽对市场的束缚。为企业特别是中小企业的创新发展，营造良好的环境。

5.5.2 充分利用区位优势，提升对外开放水平

积极融入“一带一路”，拓展东北老工业基地创新发展的市场空间。东北老工业基地在国家“一带一路”倡议中具有不可替代的战略地位，尤其是辽宁省，作为“一带一路”倡议中特别提出的“中蒙俄经济通道”的重要区域，是“一带一路”倡议中重要的交通枢纽，辽宁省可充分发挥区位优势，加快自贸区建设，加强与东北亚各国合作，对外输出老工业基地产品和服务，扩展市场空间。

积极发展建设自贸区，开展东北亚合作深层次的创新合作。利用自贸区政策促进互通互联，发展海上交通与陆路交通，同日、韩、俄共同构建经济新格局。利用高铁建设打通北京、天津至大连港、营口港的便利运输，进而通往韩国、日本与朝鲜，主动融入海上丝绸之路经济带，通过“外联内引”实现东北亚各国间产品和服务的自由流通，实现国内外知识、技术之间的充分交流，利用东北老工业基地的区位优势，获取本地发展急需的技术，通过研发合作促进创新竞争力的提升。

5.5.3 推进创新链整合，加快科技成果转化

以突破制约东北产业发展关键核心技术、延伸产业链条、培育新兴产业集群为目标，组织实施东北振兴重大创新工程，打通基础研究、应用开发、中试和产业化之间的创新链条。支持机器人、轨道交通、石墨等东北地区现有国家级产业与技术创新联盟开展协同创新，突破产业发展技术瓶颈。加强航空装备、半导体装备、生物制药等东北现有省级产业与技术创新联盟能力建设。在现代农牧业机械装备、碳纤维、光电晶体材料装备、生物育种、云计算等领域积极培育发展一批产业与技术创新联盟。实施企业创新百强工程，开展区域骨干企业创新转型试点。推动中小企业组建战略联盟，实现从无序竞争向合作共赢转变。以产业与技术创新联盟为重点，支持东北创新链整合。

加强对分布于各个产业和各个领域的技术创新成果的整合和集成。尽快将各领域的研发成果集成，进而形成若干个技术标准，推动政府、企业、高校以及技术中介组织等机构技术标准的规范化，围绕技术标准构建产品标准，进而形成产业标准，推动科技成果实现大产业集成、大面积应用、大范围转化、大规模带动。

5.5.4　结合本地需求，完善创新人才引进政策体系

进一步完善引进和培养高端人才政策、构建科学合理的高端人才政策体系。充分依托国家“千人计划”、“万人计划”、“长江学者奖励计划”、“百千万人才计划”、中国科学院“百人计划”以及各地人才计划等政府扶持项目，引进一批具有国内外影响力的院士专家、院士后备人才、长江学者、国家杰青，并按照有关程序积极争取国家、省部级科技计划重大专项、重点项目或重大工程建设项目等；鼓励院士后备人才与国内外知名科研院所、企事业单位、高等院校合作申报并开展重大科技项目研究；完善对引进高端创新人才的评价考核机制，构建以绩效为核心，由品德、知识、能力等要素构成的高端创新人才选拔评价指标体系。

完善海外创新人才引进政策体系。设立“引进海外人才工作站”，吸引大批有成就的华人工程师或聘请国外专家到国内工作，同时鼓励和扶持辽宁省大企业建立海外创新中心，吸引国外大企业高技术人才加盟中国海外创新中心。依托大连经济技术开发区、沈阳铁西装备制造产业集群等新型工业化产业示范基地和示范产业集群，打造省级高端人才交流特区，建立一批海外高层次人才创业创新基地，财政科技资金和产业发展扶持资金向海外高层次人才倾斜。

5.5.5　整合创新资源，构建完善的创新投入体系

整合国家科技计划、地方科技计划等政府创新资源，深化国家科技计划、地方科技计划（专项、基金等）管理改革。建立目标明确和绩效导向的管理制度，更多地运用财政后补助、间接投入等方式，支持企业开展创新活动，支持企业购买高校和科研院所科技成果和科技服务。政府积极利用扩大财政支出、减小税收负担等各种途径，提高对技术创新的支持水平，有效利用政府对技术创新的导向效应，促进政府调节与改善东北地区技术资源结构作用的发挥。财政预算中应该将创新投入视为预算保障的关键，

维持创新投入的增长水平，不断扩大政策性创新投入占东北生产总值的比重。维持政策性科研经费投入的持续增长，增加财政对高校科研的支持，深入创新投入资金管理机制改革。

通过政府资源的整合，带动和引导社会资源的集聚。东北地区应该大力支持各种创新基金、个人以及各种组织通过捐款、合作等途径参与技术创新，号召民间组织以及个人在高等院校、科研单位开设科技创新基金。大力促进科研单位同金融机构的合作，建立健全政府、金融、企业之间相互联系的模式，大力推进高科技产业与创新性小微型企业的融资信贷平台构建。针对具有重要价值的自主研发课题，利用金融机构对自主研发进行融资，促进高水平技术的输入、理解、再创新以及产业化实践。号召社会资本形成并完善风险投资保障措施，鼓励保险公司、证券公司科学合法地从事产业技术创新保障服务的尝试以及创新风险投资项目。

5.6 本章小结

东北地区要实现经济增长，首先需要实现由要素驱动向创新驱动的转变，本章衡量了东北地区创新竞争力的变化。东北振兴战略的提出对于提升东北地区的创新竞争力具有重要的作用，但是，与东部沿海地区相比，东北地区在创新投入能力、创新发展潜力、创新政策环境、创新经济环境等方面都有着巨大的差距，尤其明显的是创新投入能力和创新发展潜力，东北地区在实现创新竞争力提升过程中，需要明确提升创新投入能力，如研发经费支出、研发人员；改善东北地区创新发展潜力，加强体制机制改革、完善东北地区财政分配能力等。综合考虑东北地区的具体情况，想在创新竞争力上取得发展，需要从五个方面发展：完善市场体系，优化市场环境；充分利用区位优势，提升对外开放水平；推进创新链整合，加快科技成果转化；结合本地需求，完善创新人才引进政策体系；整合创新资源，构建完善的创新投入体系。这样，才能实现东北地区创新竞争力整体发展，提升东北地区整体竞争力。

第 6 章　东北地区新旧动力机制转换研究

东北地区作为我国重要的老工业基地，其经济增长的质和量关乎我国改革的成败。在国家东北振兴战略的支持下，东北地区的经济增长迎来了发展的黄金时期，成为推动我国经济增长的重要驱动力。然而，面对“三期叠加”带来的困难因素，东北地区经济下滑明显。2015 年辽、吉、黑三省 GDP 增速全国垫底。2016 年东北经济出现企稳回升迹象。吉林省 GDP 增速 6.9%，位于第二十五位；黑龙江省的 GDP 增速 6.1%，位于第二十九位；辽宁增速-2.5%，位于倒数第一位。

东北地区经济增长缺乏活力源于东北地区要素驱动型经济增长模式。要素驱动型经济增长模式容易导致高投入、高耗能、高排放、高污染、低经济效益、低创新附加值的粗放式经济发展方式，在经济快速发展下表现得不明显，在经济进入新常态后，经济发展方式的弊端彻底表现出来，是内因与外因共同作用的结果。

东北地区的经济增长长期依赖于传统的“老字号”“原字号”产业，产业链条短，附加值不高；“新字号”产业在原有产业挤压下无法获得充分发展空间。同时，东北地区主导产业的要素驱动生产方式也导致产品处于低端，同构化问题严重，缺乏市场竞争力，进一步恶化了东北地区的产业发展环境，更难找到新的增长引擎。

为实现东北地区的再振兴，需要进一步认清东北地区当前的产业发展特征、政策特征、市场需求特征等，找到东北地区进行新旧动力转换的节点，形成东北地区的动力转换机制，基于动力转换形成东北地区新的经济增长点。

6.1 东北地区实现新旧动能转换的特殊性

动力机制是各种源动力的有机组合及其作用关系，是事物运动、发展变化过程中各种动力的作用原理与传导过程，是动力要素发生效用的过程、规律、机理以及方式。实现东北地区经济增长的动力机制转换，需要明确东北地区新动能形成的影响因素，解析东北地区经济增长新旧动能转换的机理和方式，实现东北地区经济增长的内生驱动。

东北地区产业发展的新旧动能转换与其他地区的动能转换不同，源于东北地区经济增长的特殊性。首先，东北地区经济增长方式长期依赖于各种生产要素（如土地、劳动力、资源、资本等）的投入来促进经济增长。例如，辽宁省第二产业的增长主要依赖于黑色金属冶炼和压延加工业，石油加工、炼焦和核燃料加工业，通用设备制造业，非金属矿物制品业，化学原料和化学制品制造业等；黑龙江省第二产业的经济增长主要依赖于石油和天然气开采业，石油加工、炼焦和核燃料加工业，电力、热力生产和供应业，化学原料和化学制品制造业，煤炭开采和洗选业；吉林省的经济增长也在一定程度上依赖农副食品加工业，化学原料和化学制品制造业，非金属矿物制品业，电力、热力生产和供应业，黑色金属冶炼和压延加工业等。长期以来，要素驱动的发展方式消耗了大量的原材料、能源，加剧了环境的压力，这样的经济发展方式使东北地区大量的“老工业”城市面临更大的困难，资源枯竭，经济体系面临崩塌；污染严重，生态环境恶化，人民生活质量不高。东北地区“老字号”“原字号”产业的特殊地位使其在实现新旧动能转换过程中更为艰巨。

其次，东北地区新旧动能的转换需要考虑当前以及未来经济增长的着力点，即“新字号”产业的布局。但是，东北地区特殊的产业发展背景，使得东北地区在进行“新字号”产业选择和产业布局过程中同构化严重，例如，辽宁省、吉林省和黑龙江省在制定“新字号”产业目录时，通常将计算机、通信和其他电子设备制造业、医药制造业等设定为战略新兴产业。“新字号”产业的同构化趋势，使得东北地区在培育壮大“新字号”产业过程中困难重重，导致东北地区在形成自我造血功能，实现内生经济增长机制的道路上步履缓慢。

第三，新动能的形成需要实现东北地区创新能力的提升。与我国发达地区相比，当前东北地区的创新活力明显不足，科技成果转化率相对较低。首先，东北地区企业自身的科技创新活力不足。国有企业拥有大量的技术人员，但国有企业僵硬的体制使得技术人员创新动力不足。其次，东北地区科技人员流失严重。体制僵化，缺少公平竞争的环境，用人机制不够灵活，很难在待遇上留住高端人才。东北地区人员流失严重，致使高水平的技术人才缺失，无法为东北地区企业效率提升以及产业结构优化形成支撑。再次，R & D 经费的投入不足，无法形成产业升级的新动能。东北地区经济增长所依赖的“老字号”“原字号”产业增长乏力，无法为企业研发投入资金，新动能形成的创新基础较弱。

因此，东北地区经济发展方式的特殊性决定了东北地区与发达地区在实现高端化、绿色化和高效化的产业升级中存在一定的差距，在新旧动能转换中可能需要更长的时间，面临的问题也更为严峻。与此同时，东北地区新旧动能的转换不仅是单一的产业结构调整，而且是市场因素、技术因素、资源因素、政策因素、区域因素等联合作用的经济模式转化，是一次大刀阔斧的产业改革和调整。东北地区经济增长新旧动能转换是实现东北地区经济振兴的必不可少的途径，也是新常态下东北地区产业结构调整和供给侧改革的重要任务。

6.2　东北地区实现新旧动能转换的结构模型

6.2.1　东北地区实现新旧动能转换的机制系统

东北地区新旧动能转换应该从两个方面理解：第一，东北地区经济增长的“新”“旧”动能是什么？东北地区实现新旧动能转换的要素是什么？第二，外在因素如何实现东北地区的新旧动能转换，转换的动力和机制是什么，转换的措施是什么？围绕这两方面的研究，将形成东北地区新旧动力转换的主要工作。

基于东北地区经济增长的现状分析，对东北地区重点产业的选择以及对东北地区产业发展环境的分析，形成了以政府驱动系统、需求拉动系统、企业驱动系统、区域联动系统、创新带动系统等动力系统作为实现东北地区新旧动能转换的关键系统要素。

（1）政府驱动系统。

政府驱动是东北地区进行产业改革，实现东北地区新旧动能转换的关键。2003年以来，为促进东北地区经济发展，实现东北地区经济振兴，中央和地方政府通过发布财政、税收、产业等方面的政策，通过区域政策、组织政策等推动东北经济进入黄金增长期。因此，政府驱动是实现东北经济新动能形成以及新旧动能转换的有效途径。与此同时，东北地区特殊的产业发展结构需要政府给予政策引导、财政支持。例如，东北地区的经济增长需要加快国有企业改革，推动民营经济在东北地区的发展，而资源的重新分配需要借助政府力量；东北地区新动能的形成需要依赖创新技术，需要政府进一步保障知识产权，搭建产业转化平台，推动东北地区创新技术产业化。

（2）需求拉动系统。

需求拉动是建设东北地区经济增长新动能的标准。市场需求是一个产业生存、发展和壮大的必要条件。只有产生了需求，才能形成供给，才会产生新企业，进一步形成新产业，实现一个地区经济的增长。因此，东北地区实现新动能形成和新旧动能转换必须保证满足当前及未来的市场需求。同时，东北地区实现新动能培育所需要的市场需求不仅限制在东北地区的市场需求，更要满足国内市场需求以及国际市场需求。

（3）企业驱动系统。

企业驱动是实现东北地区经济增长以及新旧动能转换的关键。一方面，企业是市场交易的主体，只有增加东北地区规模以上企业的数量，培育东北地区经济发展的龙头企业，才能激发东北地区市场活力；与此同时，东北地区需要尽可能实现对中小民营企业的培育，增强企业市场竞争环境，提升企业市场竞争力；另一方面，企业是技术创新的重要平台，新动能的形成需要依赖于创新驱动经济增长模式，企业才是实现创新技术产业化的关键。

（4）区域联动系统。

区域联动将加速东北地区新动能的形成，实现东北地区新旧动能的转换。东北地区是一个区域系统，只有形成东北地区的金融中心、制造业中心、商贸服务中心、技术创新中心等，才能从区域联动角度降低东北地区新动能选择的同构化，实现东北地区整体的经济增长。东北地区需要构建产业集群，拉长产业链条，增加产品附加值，真正实现东北地区经济发展的互动互惠。

（5）创新带动系统。

创新是带动东北地区新动能形成的核心动力，也是替代旧动能的关键。新旧动能转换在创新带动系统中的承载者是新技术，新技术的形成将进一步提升东北地区产业的生产效率，实现东北地区“老字号”产业的改造升级和“原字号”产业的深度开发。推动东北地区经济发展由要素驱动向效率驱动转换。

6.2.2　东北地区实现新旧动能转换的运行系统

东北地区实现新旧动能转换需要依赖政府推动、需求拉动、企业驱动、区域联动、创新带动的共同作用，只有实现不同机制系统的协同，才能实现东北地区的新旧动能转换。在东北地区实现新旧动能转换的过程中需要保证各动力系统运行机制的顺利实施，以实现东北地区经济振兴。

（1）政府推动系统的运行机制。

东北经济再振兴的特殊性，决定了政府推动系统的关键作用。首先，东北地区作为经济振兴的整体，面临发展的瓶颈问题，需要政府予以区域政策支持，如区域财政政策、区域税收政策；另外，东北地区较大的国有企业比重是抑制东北地区经济活力的重要因素，实现东北地区新旧动能的转换必须推进国有企业改革，加大民营企业在东北地区经济发展的贡献，需要政府推动系统进行国有企业组织改革；此外，新旧动能转换需要制度保障，如产权制度、土地流转制度、人才引进制度等；在新旧动能转化中需要技术创新、资源分配等方面的支持，需要政府加强知识产权保护政策力度，保障人民的合法权益等。当然，在政府推动系统中，需要制定科学的产业战略、适合的产业政策，提供优质的产业服务等。

（2）需求拉动系统的运行机制。

东北地区新动能的形成不仅要满足东北地区市场需求，还需要实现东北地区需求的进一步扩大，满足国内需求和国际需求。在扩大市场需求的前提下，东北地区要打造具有东北特色的重点产业、重点产品，基于互联网平台、电视媒体、广播媒体提升东北地区产品的市场认知度。与此同时，东北地区在实现需求拉动的过程中，要保障东北地区的产品符合国际、国内市场标准，实现东北地区产品的优质化和高端化，形成以“质”取胜的产品基础。

（3）企业驱动系统的运行机制。

东北地区新动能的形成依赖于企业，一方面，东北地区需要推进国有企业改革，提升国有企业的技术创新能力，推进混合所有制试点的改革，进一步提升国有企业的运行效率；另一方面，东北地区需要加大培育民营经济，扩宽市场开放领域，提升市场开放力度，培育敢于创新、敢于实践的民营企业，扩大民营企业市场规模，增加民营企业的经济贡献水平，培育民营企业成为经济发展的重要支撑。提升东北地区私有、民营企业在人力、资本、物流、财政等方面的管理能力，保证企业的正常运营。

（4）区域联动系统的运行机制。

在区域联动系统运行中，基于当前辽、吉、黑三省产业发展的优势及瓶颈，制定东北地区经济增长协调发展的相关政策；在区域联动系统中，进一步加强东北地区间的开放程度，强化区域联动的协调机制，完善区域分工的优势互补，实现市场需求的扩张，加大各地区的人才流动和资源共享；基于东北地区的资源禀赋和产业优势，在东北地区产业发展中避免同构化，实现区域发展的产业协调。

（5）创新带动系统的运行机制。

创新是实现东北地区新动能形成和新旧动能转换的关键。在实现东北地区新旧动能转换过程中，一方面要实现东北地区技术创新能力的提升，加大创新技术的研发力度，消化和吸收外来新技术等；另一方面，搭建东北地区区域创新平台，实现创新技术的共享和各地区产业发展的融合；在技术创新过程中注重人才引进与培养，牢固树立人才是技术创新唯一动力的共识，营造高技术人才集聚的氛围和条件，形成东北地区高技术人才基地，保证东北地区创新带动系统运转。在创新带动系统的运行机制中，进一步推进企业的产品创新、组织创新和市场创新。发挥东北地区科研院所的雄厚基础，创新科技体制，推动科技与市场的结合，进一步提高科技成果转化率，实现东北地区在创新前端、创新中端和创新后端的全面创新，真正形成对东北地区创新驱动系统的支持。

图 6-1 描述了东北地区新旧动能转换的动力系统以及运行机制系统。要素驱动型的经济增长方式形成的经济增长旧动能，已经不能适应新常态下的产业结构调整要求；在政府推动系统、需求拉动系统、企业驱动系统、区域联动系统以及创新带动系统的作用下，通过运行系统的保障，实现东北地区新旧动能的转换。

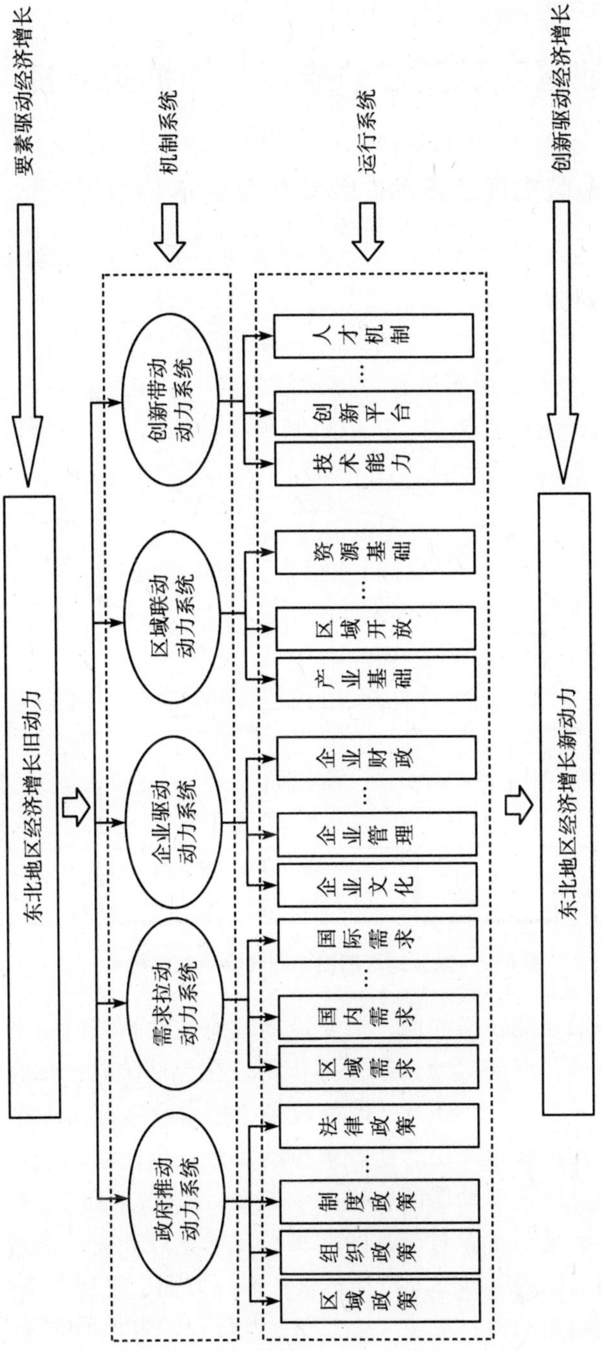

图6-1　东北地区新旧动能转换结构模型

6.3 东北地区实现新旧动能转换的机制分析

6.3.1 东北地区实现新旧动能转换机制的运行机理

东北地区新旧动能转换需要依赖政府推动系统、需求拉动系统、企业驱动系统、区域联动系统、创新带动系统形成的机制系统。通过建立一种动力充分发挥作用的平台，保证东北地区新旧动能实现转换。东北地区的新旧动能转换是一个复杂的过程，将其分为前期、中期、后期三个阶段，对应新旧动能转换的启动机制、扩散机制和联动机制，实现新旧动能的前期转换、中期转换和后期转换（图 6-2）。

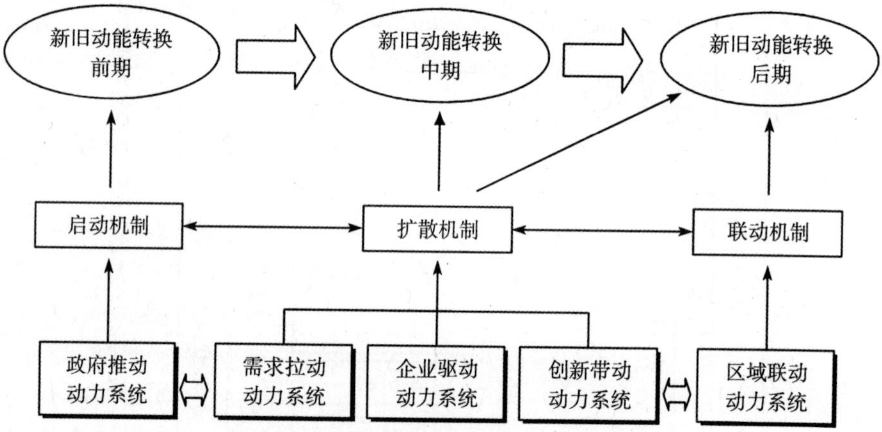

图 6-2 东北地区新旧动能转换机制运行

东北地区新旧动能转换前期，需要借助政府推动系统奠定东北地区产业结构调整的基础，促使启动机制发挥作用。在启动阶段，政府通过推进产业政策、制度政策、组织政策、区域政策、技术政策等实现东北地区产业环境的改善。在扩散阶段，借助需求拉动系统、企业驱动系统、创新带动系统实现东北地区新旧动能的转换。一方面，东北地区通过提升产品质量和生产效率，满足消费者对产品的需求，实现重点产业、重点产品的选择，形成区域内、国内、国际的市场扩张；另一方面，坚持以企业为主体、市场为导向、创新为动力，实现产品生产、宣传、销售水平的进一步提升；

依赖创新技术和创新平台，实现东北地区产业的信息化和工业化，依托“老字号”产业的升级改造，“原字号”产业的深化发掘，“新字号”产业的培育发展将东北地区的新动能扩散到各个行业。在联动机制层面，东北地区的新旧动能转换需要考虑区域的差异性和特殊性，避免新兴产业的同构化竞争以及“俘获式”陷阱，构建产业集群化、高端化、智能化，实现产业集群的集聚发展。

当然，东北地区在实现新旧动能转换的过程中并不一定完全依据启动机制、扩散机制和联动机制作为新旧动能转换的前期、中期和后期。在不同的阶段，或依据东北地区的产业发展和产业结构调整的实际，形成不同的东北地区新旧动能转换运行机制。

6.3.2　东北地区实现新旧动能转换的启动机制

启动的基本含义是发动、开动，东北地区新旧动能转化过程中的启动机制就是新动能的形成，或新旧动能代替的节点。政府推动东北地区新旧动能转换的启动机制强调启动的动力来源于政府，其主要机能是推动新动能的形成和新旧动能的转换，改善东北地区新旧动能或产业结构调整的外部环境，以及推动来自政府力量的启动模式（图6-3）。

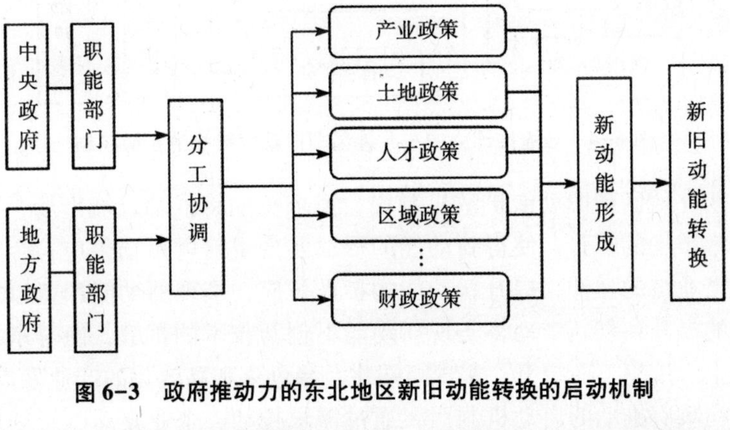

图6-3　政府推动力的东北地区新旧动能转换的启动机制

政府是实现东北地区新旧动能转换的主要推动力。政府推动东北地区新旧动能转换启动机制的核心是通过启动机制实现对东北地区新旧动能转换外部环境的改善，充分发挥政府部门在财政政策、就业政策、产业政策、技术政策、土地流转政策等方面的优势，实现东北地区新动能形成以及新旧动能转换的启动。例如，中央和地方政府通过各职能部门，如农业部、工信部、发改委等，制定相应的东北地区振兴政策，加快推进东北地区国有企业改革；营造民营企业的发展环境；加快土地流转，提升东北地区农业产业组织化程度；优化人事和就业政策，吸引高技术人才在东北发展，弥补东北地区高级人才的就业缺口；促进财政政策、税收政策在产业结构调整中的调节作用，提升工业生产效率等，为东北地区新旧动能转换创造良好环境。

6.3.3 东北地区实现新旧动能转换的扩散机制

东北地区新旧动能转换的扩散机制是通过需求拉动、企业驱动、创新带动，实现市场扩张、产业链延伸、创新技术扩散的过程，通过上述扩散实现东北地区新旧动力在不同产业、不同地区的后续推广。实际上，东北地区新旧动能转换的扩散机制可以贯穿于其整个转换过程，也可能在不同的转换时期发生作用，导致新旧动能转换所涉及的要素，或要素所起的作用强度有所差异（图6-4）。

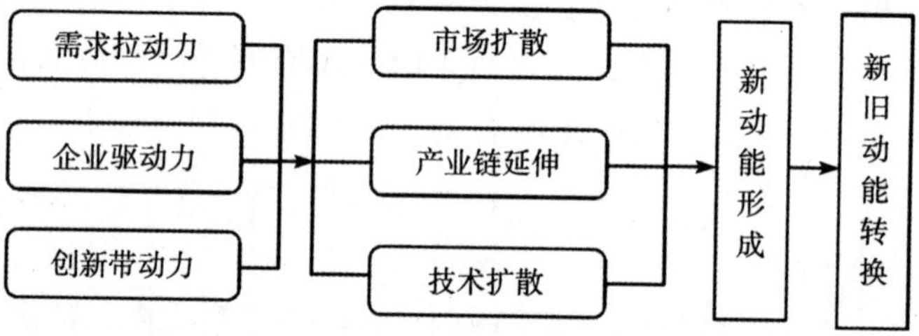

图6-4 政府推动力的东北地区新旧动能转换的扩散机制

在东北地区新旧动能扩散机制中，需求拉动将推动区域市场、国内市场和国际市场的扩张，使得新动能的形成实现更好的市场供应；企业驱动将实现产业链的延伸，提升新动能的扩散效应，实现新动能产业以及产品价值链的提升；创新带动将实现新动能下创新技术的扩散，使得东北地区产业的生产效率不断提升，实现高端化、绿色化和高效化的产业发展方向。新动能在政府推动的启动机制后，通过需求拉动、企业驱动以及创新带动等，实现新动能的扩散，进一步实现东北地区新旧动能的转换。

6.3.4 东北地区实现新旧动能转换的联动机制

东北地区新旧动能的转换是辽宁省、吉林省、黑龙江省，以及内蒙古自治区融合在一起的区域性的产业结构调整。因此，东北地区新旧动能转换的联动机制就是对三省一区的产业基础、资源基础、人力基础、技术基础、资金基础等的综合，一方面在实现东北地区新动能的过程中避免趋同和同构；另一方面，在实现东北地区新动能和新旧动能转换的过程中形成产业整体或区域性的经济增长核（图 6-5）。

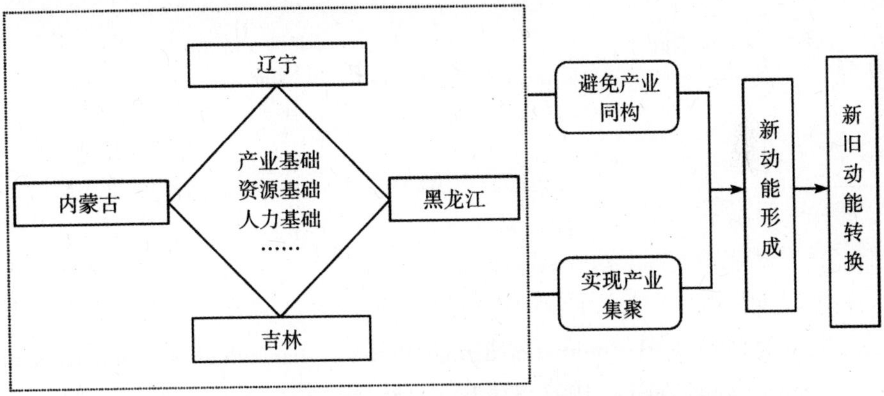

图 6-5　政府推动力的东北地区新旧动能转换的联动机制

东北地区新旧动能转换联动机制是以东北地区三省一区的同质性和异质性为基础，充分利用东北地区三省一区的产业基础、资源基础等，最终实现东北地区产业发展的联动性。当然，东北地区新旧动能转换的联动机制可以体现在东北地区三省一区产业目录的选择，实现东北地区的新动能。

6.4　本章小结

东北地区新旧动能转换是实现东北地区产业结构调整，实现新常态下东北地区“老字号”产业改造升级、“原字号”产业深化发展、“新字号”产业培育壮大的关键。本章基于对前面东北地区发展现状、产业特征、政策分析，形成东北地区新旧动能转换的影响因素，在政府推动系统、需求拉动系统、企业驱动系统、区域联动系统、创新带动系统的作用下，形成东北地区新旧动能转换的前期、中期及后期形成启动机制、扩散机制和联动机制，实现东北地区在创新前端、创新中端、创新后端的新旧动能转换，进一步地实现东北地区的再振兴。

参考文献

[1] DUNNING J H. Internationalizing Porter's diamond [J]. Management international review, 1993, 33(2): 7-15.

[2] KRAVIS I B, LIPSEY R E. Technological characteristics of industries and the competitiveness of the U.S. and its multinational firms [Z]. Working Papers, 1989.

[3] SIGGEL E. India's trade policy reforms and industry competitiveness in the 1980s [J]. The world economy, 2001, 24(2): 159-183.

[4] 蔡昉.工业竞争力与比较优势:WTO 框架下提高工业竞争力的方向[J].管理世界,2003(2):5-18.

[5] 陈芳.山东省太阳能转换产业发展的机制和对策研究[D].济南:山东师范大学,2009.

[6] 陈柳钦.产业集群与产业竞争力[J].经济学研究,2005(5):15-23.

[7] 陈志,董敏杰,金碚.产业竞争力研究进展述评[J].经济管理,2009(9):30-37.

[8] 戴宏伟,田学斌,陈永国.区域产业转移研究:以"大北京"经济圈为例[M].北京:中国物价出版社,2003.

[9] 何维达,万学军,武雅斌.中国钢铁产业竞争力研究:基于策略能力观的视角[J].中国工业经济,2009(11):56-65.

[10] 胡建绩,张锦.基于产业发展的主导产业选择研究[J].产业经济研究,

2009(4):38-43.
[11] 江飞涛,武鹏,李晓萍.中国工业经济增长动力机制转换[J].中国工业经济,2014(5):5-17.
[12] 姜彤彤,吴修国.基于AHP的文化产业竞争力评价模型研究:借鉴钻石模型理论和可持续发展思想[J].云南财经大学学报,2011(6):126-134.
[13] 焦国华,江飞涛,陈舸.中国钢铁企业的相对效率与规模效率[J].中国工业经济,2007(10):8-18.
[14] 李莎,刘思峰.江苏省IT产业集聚对竞争力的影响[J].统计与决策,2006(10):96-98.
[15] 李铁成,刘力.广州战略性主导产业的选择及发展策略研究[J].产业经济评论,2015(3):81-89.
[16] 刘桂萍.中国钢铁工业差距的国际比较[J].技术经济,2000(6):80-86.
[17] 刘小铁,欧阳康.产业竞争力研究综述[J].当代财经,2003(11):85-88.
[18] 刘友金,廖倩,聂瑶,等.基于梯度系数的产业选择研究:以江西省承接产业转移为例[J].湖湘论坛,2012(4):69-74.
[19] 吕明元.产业选择理论在中国的发展脉络:1978—2004[J].产业经济研究,2005(3):64-71.
[20] 欧阳慧.西部各省(区、市)重点产业的选择[J].经济研究参考,2008(36):1-6.
[21] 潘素坤,邸晓燕.当前我国重点产业发展面临的问题及对策[J].生产力研究,2006(1):161-163.
[22] 潘霞,鞠晓峰,陈军.基于因子分析的我国29个地区高新技术产业竞争力评价研究[J].经济问题探索,2013(4):65-69.
[23] 裴长洪,王镭.试论国际竞争力的理论概念与分析方法[J].中国工业经济,2002(4):50-61.
[24] 任保平.新常态要素禀赋结构变化背景下中国经济增长潜力开发的动力转换[J].经济学家,2015(5):13-19.
[25] 汪莹.产业竞争力理论研究述评[J].江淮论坛,2008(2):29-38.
[26] 王艳霞.中国地区产业结构转换研究[D].重庆:重庆师范大学,2004.
[27] 肖兴志,韩超,赵文霞,等.发展战略、产业升级与战略性新兴产业选择[J].财经问题研究,2010(8):40-47.

[28] 徐广瑞.中国高技术产业集聚与产业竞争力:基于5大行业的灰色关联分析[J].中国科技论坛,2010(8):47-52.
[29] 徐康华,韩剑.中国钢铁产业的集中度、布局与结构优化研究:兼评2005年钢铁产业发展政策[J].中国工业经济,2006(2):66-78.
[30] 徐敏燕,左和平.集聚效应下环境规制与产业竞争力关系研究:基于“波特假说”的再检验[J].中国工业经济,2013(3):72-84.
[31] 叶安宁.主导产业选择基准研究[D].厦门:厦门大学,2007.
[32] 叶蔓.基于因子分析的资源型城市主导产业选择研究[J].中国人口·资源与环境,2011,21(12):343-346.
[33] 殷军,皮建才,陈旭阳.供给侧改革背景下的产业选择[J].财经科学,2016(3):58-68.
[34] 于凯生.我国矿产资源型城市主导产业选择分析[J].赤峰学院学报(自然科学版),2008,24(2):15-17.
[35] 于言良.资源型城市主导产业转型策略[J].辽宁工程技术大学学报(社会科学版),2006,8(2):137-138.
[36] 袁海.包含制度因素的我国城市化动力机制的实证研究[J].首都经济贸易大学学报,2004(2):52-56.
[37] 张新萍,刘元明,符志琰.产业辐射动力传递变换模型探讨[J].山东煤炭科技,2009(3):130-131.
[38] 周淑莲.中国产业政策研究[M].北京:经济管理出版社,1990.
[39] 周小亮.新常态下中国经济增长动力转换:理论回溯与框架设计[J].学术月刊,2015,47(9):15-26.
[40] 朱小娟.产业竞争力研究的理论、方法和应用[D].北京:首都经济贸易大学,2004.